LE FRISSON
DE L'ÉMEUTE

Du même auteur

Le Sentiment d'insécurité
PUF, 1993

Insécurité et libertés
Seuil, coll. «L'Épreuve des faits», 1994

La Société incivile
Seuil, coll. «L'Épreuve des faits», 1996, rééd. 1998

Sociologie politique de l'insécurité
PUF, 1998, rééd. 2000 et coll. «Quadrige», 2004

La Société d'hospitalité
Entretiens avec Jean-Louis Schlegel
Seuil, 2000

La Délinquance des jeunes
Les 13-19 ans racontent leurs délits
Seuil, coll. «L'Épreuve des faits», 2001

Tolérance zéro? Incivilités et insécurité
Odile Jacob, 2002

En quête de sécurité
(direction du volume)
Armand Colin, 2003

Réformer la police et la sécurité
Les nouvelles tendances en Europe et aux États-Unis
(direction du volume)
Odile Jacob, 2004

Police de proximité
Nos politiques de sécurité
Seuil, 2005

SEBASTIAN ROCHÉ

LE FRISSON DE L'ÉMEUTE

Violences urbaines et banlieues

ÉDITIONS DU SEUIL
27, rue Jacob, Paris VI

ISBN 2-02-088146-2

www.seuil.com

À ma femme, Sylvie

Les émeutes impossibles

Ne nous y trompons pas. Les émeutes qui se sont déroulées en France à l'automne 2005 ne relèvent pas du fait divers mais de l'événement. Leur durée et leur amplitude géographique sont si exceptionnelles qu'elles constitueront désormais la référence en matière d'agitations urbaines. Tout phénomène du même ordre sera mesuré à leur aune.

Ces émeutes auront sans doute donné le grand frisson aux émeutiers. Elles ont provoqué une véritable angoisse dans la population et semé la panique au plus haut niveau de l'État. Et pourtant, qui les a anticipées?

L'examen des faits est cruel. Le 20 octobre 2005, une semaine avant le déclenchement des pires émeutes qui ont secoué la Ve République, le ministre de l'Intérieur, Nicolas Sarkozy, s'exprimait sur France 2 et affirmait sa détermination à «mettre un terme à cette spécificité qui est devenue française des violences urbaines[1]»! Si les conséquences n'étaient pas si dramatiques pour les victimes et leurs proches, pour ceux aussi qui ont perdu leur outil de travail ou simplement leur voiture, on pourrait esquisser un sourire. On se contentera de relever qu'à quelques jours des événements le gouvernement et la police ne voient rien venir.

---

1. Cité par Ariane Chemin, *Le Monde*, 13 novembre 2005.

Nicolas Sarkozy n'est pas le premier à ignorer la menace. C'est maintenant une tradition politique, en France, de danser sur le volcan. En 1992, les émeutes qui agitent Los Angeles n'entament pas l'optimisme du président François Mitterrand : pour lui, il est impossible qu'un tel événement se produise dans l'Hexagone[1]. Pourtant, depuis dix ans, la gauche française est régulièrement aux prises avec les violences urbaines. Même apathie à droite. Lorsque se déclenchent les émeutes, ce n'est qu'après de longs jours de silence que le président Jacques Chirac intervient publiquement. Même lorsqu'elles se produisent, les pouvoirs publics ne prennent pas la mesure du phénomène, tant leur incrédulité est profonde.

Ce déni collectif a une histoire et des causes. On les a déjà vues à l'œuvre dans le traitement et l'analyse de la délinquance de rue, y compris dans ses formes les plus graves. Elles ne concernent pas que la classe politique, loin de là. Pour beaucoup, les caractéristiques intrinsèques de la France la mettent à l'abri d'une augmentation de la violence. Il faut entendre ces sociologues militants que rien ne déstabilise... Les statistiques de police créeraient une illusion d'optique, les victimes d'agression seraient aux prises avec des «constructions sociales de la réalité» (il faut aller l'expliquer à ceux qui ont eu leur voiture brûlée, leur maternelle détruite), le sentiment d'insécurité serait purement irrationnel. Ceux-là, bien sûr, n'ont pas prévu les émeutes, puisqu'elles sont imaginaires.

Certains prétendront qu'ils avaient tout prévu. Puis-je sourire encore ? Une fois que les émeutes ont ravagé des centaines de quartiers, les candidats à la rétro-prédiction se bousculent au portillon. «Ces événements ne pouvaient pas constituer pour nous une surprise. [Notre] livre s'achevait par ces mots : "Autant de bombes à retardement !..." Il n'était pas besoin d'être devin pour anticiper l'avenir tant la récurrence des émeutes urbaines depuis quinze ans

---

1. «Cela ne pourrait se produire à Paris, car la France est le pays où la protection sociale est la plus élevée au monde» ; propos tenus en 1992 et cités par *Le Monde* du 10 novembre 2005.

en France s'inscrit dans un "ordre des choses" [1].» Il est excessivement dommage que les pouvoirs publics n'aient pas pu bénéficier *avant* les événements de cette prescience, surtout si nos prophètes détenaient des indications plus précises – je peux bien prédire qu'un jour prochain un tremblement de terre touchera le Japon, cette prédiction ne fera pas de moi un sismologue. Une fois qu'il est trop tard, on sait ce qui devait se passer. Désolé de le dire si clairement : nous sommes dans l'ordre de la construction *a posteriori* pour la bonne raison que, moins encore que les sismologues, les sociologues de la structure sociale ne sont capables de prédire les changements ou les événements de cette nature. Alain Vulbeau a écrit : «Le rôle des sociologues n'est pas de prédire l'avenir [2].» Je me rallie à son point de vue.

La méconnaissance du phénomène émeutier est d'ailleurs criante, et les malentendus, spontanés ou volontaires, nombreux. Il faut dire que ces révoltes se prêtent à toutes les interprétations, tant elles sont ambiguës. Leur temporalité est trop longue pour ne traduire qu'un coup de colère ou de rage, mais elle est trop courte pour constituer un mouvement social ou politique. Leur contenu semble être fait d'un mélange de rébellion contre la police et de délits ou de crimes ordinaires (vandalismes, pillages, agressions violentes, incendies). L'usage du feu comme moyen principal de l'émeute évoque même la fête et la folle vengeance.

De leur côté, les sciences sociales savent mal envisager l'événement. Ce dernier, par définition limité dans le temps et l'espace, est perçu comme un accident ou un simple symptôme. On glisse dessus rapidement pour se consacrer à l'analyse des structures, de

---

1. Stéphane Beaud et Michel Pialoux, qui tiennent ces propos dans un article du jeudi 1er décembre 2005 sur le site *Ici et là-bas*, intitulé «La "racaille" et les "vrais jeunes". Critique d'une vision binaire du monde des cités », sont les auteurs d'un livre au titre trompeur puisqu'il évoque les «violences urbaines», lesquelles sont le prétexte à une intéressante étude de sociologie générale, mais n'expliquent malheureusement pas les émeutes urbaines de Montbéliard ou d'ailleurs.
2. Le *Journal de territoires*, n° 463, décembre 2005.

la reproduction ou encore des changements profonds de la société sur le long terme. Or les émeutes ne sont pas la simple conséquence d'une détermination sociale ou économique, sans quoi nous vivrions en état d'insurrection permanente. Que ce contexte agisse sur la propension à l'émeute est évident, mais il ne dit rien sur la genèse de l'événement.

Les violences ne sont analysées que comme résultantes. Étrangement, on n'envisage jamais l'inverse : les violences comme causes, comme forces agissant sur la société. Pourtant elles participent à organiser la société : elles influencent les rapports dans les couples, elles décident du choix de la résidence ou de l'école. Les émeutes ont des conséquences sur les actions comme sur les mentalités. Déjà on observe un durcissement des opinions vis-à-vis des minorités.

Finalement, les seuls à accorder un statut agissant aux émeutes sont ceux qui y trouvent un sens révolutionnaire, ou du moins paradoxalement bénéfique. En France, nombreux sont les intellectuels qui croient que, si l'on brûle suffisamment de voitures durant assez longtemps, cela va changer l'avenir du pays dans un sens positif. Les attaques contre les voitures, la poste et les banques seraient portées contre des « symboles ». Les mêmes voient dans l'intervention des polices sur le lieu de ces flambées de violence une forme de domination des quartiers pauvres.

Cette opinion touche à l'incurie. Les protestations collectives peuvent être facteurs de progrès, mais jamais ce ne fut le cas pour les émeutes. Ni en France, ni à l'étranger. S'il est une chose que l'émeute n'est pas, c'est bien une révolution. Une révolution renverse radicalement l'ordre social et politique. Pendant les émeutes françaises, le CAC 40 n'a pas cessé de monter. La situation des banlieues ou des minorités est inchangée : les mêmes personnes résident dans les mêmes quartiers, avec les mêmes profils, poursuivant la même vie. En revanche, la destruction de bâtiments qui apportaient un service aux populations les pénalise, et des personnes ont perdu leur unique moyen de locomotion. Les indemnisations partielles des assurances tardent, et les commerçants qui n'ont pas mis la clé sous la porte se débrouillent comme ils le peuvent. Si la violence est effectivement génératrice de rapports sociaux, il faut voir desquels on parle : quel avenir offrent aux habitants des quartiers touchés par les émeutes, les coups de manche de pioche ou les restes calcinés de maternelles incendiées ?

D'un point de vue politique, les émeutes sont parfaitement stériles. Tout se passe comme si de rien n'était. L'Assemblée nationale n'a pas vu l'ombre d'un émeutier. La politique de la Place Beauvau n'a pas été changée. Aucun message n'a été transmis aux autorités. Après les émeutes, l'observateur est frappé de voir combien la mesure de l'événement n'a été prise ni par le gouvernement ni par le Parlement. Le silence politique a fait écho à l'absence de discours des émeutiers. Au-delà de l'enquête judiciaire et administrative, dont on espère que le rapport ne sera pas classé «confidentiel défense», le gouvernement n'a pas jugé utile de lancer la moindre enquête publique, d'envergure et transpartisane. D'autres pays touchés par des phénomènes comparables ont cherché à les comprendre : ainsi l'on a créé la commission Kerner, aux États-Unis, après les émeutes des années 60, et la commission Scarman en Grande-Bretagne après celles du 11 avril 1981 à Brixton.

Finalement que reste-t-il des émeutes de 2005, en France, sinon des décombres et des vies blessées ?

Revenons aux faits. Comment concrètement sont nées ces émeutes ? Comment se sont-elles étendues ? Comment la crise a-t-elle été gérée par le gouvernement ? Comment la police y a-t-elle répondu ? C'est en répondant à ces questions que nous pourrons établir les forces et les mécanismes impliqués dans l'embrasement des banlieues. Cet ouvrage s'appuiera sur des données inédites concernant les événements et leurs acteurs. Il évoquera des questions sensibles : le rôle joué par les clivages ethniques, les relations entre les polices et les minorités de France, la politique de sécurité menée depuis 2002, l'oubli de la question des banlieues au profit de l'interpellation dans ces banlieues, la manière dont les outils de mesure des violences urbaines sont régulièrement cassés parce que gênants. Car des choix ont été faits, qui ne sont pas sans rapport avec l'intensité qu'ont atteinte les émeutes de 2005. Le système de police français et sa doctrine phare, « interpeller les délinquants », ont connu un échec cuisant, un naufrage. Celui du *Titanic* a changé la législation concernant la sécurité en mer. Celui-là n'a pas dévié d'un iota la politique menée en matière de police. Pourquoi ?

CHAPITRE 1

Une vague d'émeutes

Il est probable qu'on ne connaîtra jamais exactement l'enchaînement des faits qui ont conduit, le 27 octobre 2005, à la mort de deux adolescents près de Clichy-sous-Bois en banlieue parisienne. Les enjeux politiques sont tels que la vérité risque d'être distordue par l'intérêt des uns et des autres. Une reconstitution précise permettrait d'établir les responsabilités engagées dans le processus qui a déclenché la plus grande vague d'émeutes que la France ait traversée. Lourde responsabilité que personne n'aura envie d'endosser.

Nous allons pourtant nous y atteler avec les moyens dont nous disposons, notamment une relecture critique des informations qui ont été données par les autorités, des communiqués de l'AFP (Agence France Presse) et la presse. Ce faisant, nous allons identifier plusieurs moments-clés. Ceux-ci représentent un facteur décisif, un moment déterminant, l'une de ces circonstances ou l'un de ces choix qui ont fait que le drame a donné lieu à un phénomène de grande ampleur, au lieu d'occasionner, comme il est toujours arrivé dans le passé, des incidents de courte durée dans un quartier précis.

1. Les événements de Clichy

Le jeudi 27 octobre 2005

Vers 17h15, un habitant de Livry-Gargan signale que des jeunes pénètrent dans un chantier de démolition. Ce dernier se situe tout près de Clichy-sous-Bois. Les jeunes en question sont une dizaine, ils reviennent d'un match de foot de quartier. Un quart d'heure après, des policiers de la «BAC 833» sont appelés pour des «dégradations» sur le chantier. La BAC (brigade anticriminalité), est chargée des interventions «musclées et à chaud», c'est donc elle qui intervient en premier, épaulée ensuite par des équipages du service général ou d'autres unités. Une voiture de la BAC de Clichy est ainsi alertée par radio, s'arrête sur les lieux, interpelle un adolescent qui semble faire le guet. Plusieurs autres se seraient donc déjà glissés à travers les palissades, d'autres s'égaillent. Sans cette fuite, toute l'histoire des mois d'octobre et novembre 2005 aurait été différente.

Aux alentours de 18h30, le centre EDF de Melun détecte un incident dans le transformateur, sorte de cube à ciel ouvert de trois mètres sur trois protégé par un grand portail et des barbelés. L'entreprise appelle l'agent d'astreinte. Parallèlement, un appel anonyme serait parvenu aux pompiers, leur demandant des secours d'urgence.

La brigade des sapeurs-pompiers de Paris arrive sur les lieux à 18h53. Elle constate que deux adolescents de 15 et 17 ans sont morts électrocutés dans l'enceinte même du transformateur. Un troisième, un jeune majeur, est brûlé grièvement.

Le premier moment-clé se situe ici: la mort des deux adolescents, Ziad et Bouna. Il s'agit d'une prise d'itinéraire qu'on appelle aussi bifurcation dans l'analyse des trajectoires des personnes ou des événements. Toute intervention de police ne débouche pas, tant s'en faut, y compris dans les quartiers sensibles, sur un tel drame. Nous sommes dans un cas où aucun soupçon de violences directes ne devrait peser sur les policiers: un petit délit a motivé leur intervention, et il est établi qu'aucun d'entre eux n'a frappé ou tué les jeunes en question.

Dans les heures et les jours qui suivront, diverses rumeurs courront sur les circonstances de l'accident. Celles-ci seront partiellement élucidées. L'enquête administrative et judiciaire fera apparaître que les policiers qui sont intervenus sur le chantier ont dissimulé avoir vu les jeunes enjamber la clôture EDF. Ils les ont vus mais ne les ont pas suivis. Des questions subsistent cependant sur cet accident et l'attitude des policiers pendant les moments qui le précèdent et qui le suivent. Dans quelles circonstances précises les jeunes ont-ils pris la fuite? Pourquoi ont-ils pénétré dans le transformateur? Étaient-ils réellement poursuivis? Se sont-ils simplement crus poursuivis? Peut-on reprocher aux policiers de ne pas s'être assurés de ce qui se passait dans ce site extrêmement dangereux?

Dans l'heure qui suit la découverte des corps par les pompiers (on est aux alentours de 20 heures), des rassemblements de jeunes du quartier se forment. Des échauffourées ont lieu, elles dégénèrent en émeutes. Une quinzaine de véhicules sont incendiés. La préfecture fait état de «mouvements de voitures importants, y compris d'autres départements». «On s'attendait à éteindre des voitures cette nuit-là», glisse un pompier. Mais les événements prennent une ampleur imprévue. Le deuxième moment-clé se situe là: dans l'impossibilité de calmer la situation, dans la montée en puissance inexorable des incidents.

L'escalade est en cours. Et personne ne sait ni la prévoir ni comment la prévenir. Il faut insister dès maintenant sur l'absence de communication entre les autorités et les territoires qui sont incendiés. Celles-ci méconnaissent les jeunes mineurs ou majeurs qui se livrent aux destructions, et, plus largement, les habitants de ces quartiers. Les caillassages tiennent les patrouilles de police à distance. L'image de la police y est très dégradée, en particulier chez les jeunes et dans les minorités. Malgré l'aspect clairement accidentel du décès des deux victimes, tout se passe comme si, dans l'esprit de leurs camarades, la police était en faute. Et l'absence de dialogue radicalise les tensions. À ce moment, les événements peuvent encore être maîtrisés. Ils ne le seront pas.

La situation s'aggrave le soir: plus d'une centaine de jeunes commencent à attaquer commerces et bâtiments publics. Une quinzaine tentent de s'introduire dans la mairie. Des affrontements se déroulent devant la caserne des pompiers, où stationnent les forces de l'ordre. Lors de son passage, un camion subit des attaques. Ce qui conduit la brigade des sapeurs-pompiers de Paris (BSPP) à déclencher l'échelon rouge de son plan «troubles urbains», un dispositif peu utilisé: aucun véhicule ne «décale» (ne sort) sans la protection d'une voiture de soutien et d'une escorte policière[1].

Côté presse, le premier sur la brèche est *Le Parisien*. C'est logique: le journal couvre le territoire de Paris et de ses deux couronnes, il s'intéresse de manière continue à la vie des cités d'Île-de-France. Le hasard s'en mêle aussi: un journaliste sportif qui rentre chez lui à Clichy appelle la rédaction pour signaler que des personnes sont en train d'incendier une voiture sous ses yeux. Il est environ 23h00. Deux journalistes sont dépêchés sur place, et réussissent à rendre compte de ce qu'ils voient avant le bouclage.

Nous sommes au bout de la première séquence: celle qui est faite de deux bifurcations. Une intervention de police qui se termine par un drame, des incidents d'une intensité grandissante dans un quartier de Clichy-sous-Bois prenant la police pour cible.

Le vendredi 28 octobre 2005

Côté presse

À 7 heures du matin, l'AFP communique sa première dépêche qui propose un récit de la mort des deux adolescents. Celle-ci a été rédigée sur la base d'informations transmises par la police et les pompiers (la brigade des sapeurs-pompiers de Paris et le porte-parole des pompiers de Paris): «En tout, six jeunes sont interpellés et trois prennent la fuite. Ces derniers enjambent ensuite les grilles d'un transformateur EDF à Clichy-sous-Bois où deux d'entre eux

---

1. *L'Express*, 3 novembre 2005.

âgés entre 14 et 16 ans trouvent la mort en s'électrocutant, de source policière.» En réalité, sur les faits de la veille, les versions divergent. D'un côté, celle des premiers récits rapportés par de jeunes témoins qui impliquent la police dans les décès, de l'autre celle des autorités, préfecture et police, qui nient tout en bloc.

À 10h48, dans un nouveau communiqué AFP, le ministre de l'Intérieur, Nicolas Sarkozy, donne la version officielle sur le drame: «Lorsque la police est arrivée, un certain nombre de jeunes sont partis en courant. Trois d'entre eux, qui n'étaient pas poursuivis physiquement par la police, sont allés se cacher en escaladant un mur d'enceinte de trois mètres de haut qui abritait un transformateur.» Il justifie l'arrivée de la police par «un cambriolage»[1]. Le ministre promet également que «toute la vérité sera faite», et confie l'enquête à l'Inspection générale des services (IGS, dite «police des polices»).

Les syndicats de policiers font front commun: Alliance, premier syndicat de gardiens de la paix, affirme dans un communiqué qu'«à aucun moment» les policiers «ne poursuivaient» les deux jeunes gens. Le SNOP[2], majoritaire chez les officiers, s'«inquiète» des «réactions incontrôlables de certains délinquants». L'UNSA-police[3], autre syndicat de gardiens de la paix, déclare «ne pas comprendre un tel déchaînement de violence» et affirme que les policiers «ont exercé leur mission dans le strict cadre de leur fonction». Le Syndicat général de la police en profite même pour dénoncer «le manque d'effectifs récurrent en Seine-Saint-Denis».

Le procureur de la République de Bobigny, François Molins, annonce, certes, l'ouverture d'une information judiciaire contre X pour «non-assistance à personne en danger». Mais déjà, pour lui, la procédure fait apparaître qu'il n'y a «pas eu de course-

---

1. Une information judiciaire ouverte ultérieurement, en novembre 2005, pour «non-assistance à personne en danger», a permis d'établir qu'aucun vol n'avait été commis ce jour-là à proximité du drame, selon *Libération* du 27 avril 2006.
2. SNOP: Syndicat national des officiers de police.
3. UNSA: Union nationale des syndicats autonomes.

poursuite» entre les victimes et les policiers, comme le rapportait la rumeur dans la cité du Chêne-Pointu (où ces jeunes résidaient): «Il n'y a pas eu, au sens juridique du terme, de relation de causalité entre l'intervention des services de police et le décès des deux jeunes» par électrocution, conclut le magistrat. Selon lui, l'ouverture de l'information judiciaire répond donc uniquement à «un souci de transparence» et vise «à bien montrer à tous la volonté de la justice de parvenir à la manifestation de la vérité» [1].

À 23h20, l'AFP confirme la position du préfet du département: «La rumeur s'était répandue que les deux jeunes s'étaient réfugiés dans cet endroit pour échapper à la police, ce qui a été démenti par la préfecture.»

Pourtant, en parallèle, la presse fait état d'autres informations dans l'après-midi. Des «versions officieuses» apparaissent dans les médias. Ainsi, à 14h36, l'AFP annonce qu'«à Clichy, la rumeur d'une course poursuite avec la police alimente la colère». «La police les a poursuivis comme si c'était des bandits, mais c'était pas des bandits», raconte Daniel Maldinin, un habitant du quartier, qui reprend la version des faits circulant dans la cité: «Des petits en scooter faisaient du bruit dans le centre, la police est arrivée et comme les jeunes n'avaient pas de casque, ils ont fui et se sont réfugiés à EDF. Ils ont eu peur; c'est la peur qui les a poussés vers EDF.»

Ainsi, tout au long de cette journée du 28, d'une seule voix, la préfecture, le ministre de l'Intérieur, les syndicats refusent toute responsabilité, *a priori*, sans prendre le temps d'examiner les circonstances de la mort des jeunes gens et sans tenir compte des informations, justes ou fausses, qui émergent dans la presse. C'est le troisième moment-clé: la communication maladroite ou malhonnête des autorités – difficile de le savoir, même rétrospectivement. Une tout autre attitude aurait été possible, plus ouverte, plus attentive aux familles et à la communauté de quartier touchée.

1. *L'Express*, vendredi 3 novembre 2005.

Sur le terrain

Aux aurores, les restes calcinés d'une trentaine de véhicules, des vitrines brisées, des abribus vandalisés témoignent de la violence des échauffourées au cours desquelles des engins des pompiers, le centre de secours de Clichy-sous-Bois et d'autres bâtiments ont été endommagés.

Vendredi après-midi, plusieurs dizaines de policiers sont discrètement positionnés près de la cité du Chêne-Pointu.

Dans la soirée, des renforts «supérieurs à la veille», selon la Sûreté départementale chargée de l'opération, viennent les épauler. Mais ils sont insuffisants. C'est le quatrième moment-clé : la police a prévu un dispositif inadapté au nombre des émeutiers. Une meilleure réaction aux informations données par les autorités locales et leurs réseaux, plus de forces, ou une meilleure utilisation de celles-ci, auraient pu faire tout basculer.

La révolte va débuter avec tous ses ingrédients : incendies, destructions, caillassages des policiers. Un premier coup de feu est tiré en direction des forces de l'ordre. Dix-sept feux sont recensés. Une trentaine de véhicules sont incendiés. «L'état des lieux, c'est que c'est chaud», déclare le directeur de cabinet du préfet de Seine-Saint-Denis à 22h30. Les échauffourées prennent un tour alarmant.

Durant la nuit de vendredi à samedi, toujours dans le quartier du Chêne-Pointu de Clichy-sous-Bois, environ 400 jeunes affrontent 250 à 300 policiers et gendarmes. Les interpellations commencent. Treize jeunes, dont un mineur, sont placés en garde à vue.

Le calme revient vers 3 heures du matin, sans qu'on ne déplore de blessés.

Le samedi 29 octobre 2005

La polémique sur les circonstances de la mort de Ziad et de Bouna prend de l'ampleur. Étrangement, d'ailleurs, elle reste focalisée sur la question de la poursuite, alors que d'autres, plus importantes à mes yeux, ne sont pas évoquées : ces jeunes étaient-ils informés des risques qu'il y avait à aller dans ce transformateur ? Qu'en a-t-il été de l'aide après l'accident ? L'AFP rapporte dans une dépêche les propos d'un ami du grand frère d'un des enfants morts électrocutés, qui reste anonyme : «On ne veut plus de ces choses-là, on ne veut plus que ça arrive. Il faut vraiment que l'enquête explique ce qui s'est passé. Pourquoi courir 800 mètres et franchir un mur de trois mètres, si ce n'est parce qu'on est poursuivi[1] ? »

Imperturbable, le procureur de Bobigny, François Molins, rejoint, lui, la version officielle : «D'après l'audition du troisième jeune», qui a pu être entendu par les enquêteurs malgré ses blessures, «les trois adolescents ont pris la fuite à la vue d'un contrôle d'identité à Livry-Gargan. Ils se sont mis à courir parce que d'autres jeunes couraient. Ils se sont crus poursuivis alors qu'ils ne l'étaient pas[2].» Tant et si bien qu'en deux jours le démenti aura été donné par la préfecture, la police, le parquet et le ministre de l'Intérieur.

Le maire PS de Chichy a une attitude plus clairvoyante : il demande une «enquête neutre et indépendante» sur les circonstances des deux décès. «On le doit aux familles, à cette ville et à ceux dont il faut désamorcer la colère», dit-il, évoquant (avec justesse) le «risque que ça recommence»[3].

C'est ce samedi 29 octobre qu'une marche silencieuse est organisée à l'initiative d'habitants encore sous le choc des événements. Environ 500 personnes, proches des familles et habitants de Clichy-sous-Bois, défilent en silence depuis la mairie, pour expri-

---

1. AFP, samedi 29 octobre, 15h23, «Marche silencieuse et colère sourde à Clichy-sous-Bois».
2. Dépêche AFP, samedi 29 octobre 2005, 10h31.
3. Dépêche AFP, vendredi 28 octobre 2005, 17h52 : «Dispositif policier renforcé à Clichy-sous-Bois après une nuit d'émeutes.»

mer leur colère et rendre hommage aux deux adolescents. En tête du défilé, des élus locaux et des membres des familles, flanqués d'une quinzaine de jeunes, portent des tee-shirts sur lesquels on peut lire sur une face le nom des enfants et sur l'autre «Mort pour rien».

Dans la nuit du samedi au dimanche, les pompiers comptent quelques incendies, mais ne signalent aucune violence contre des personnes. La police ne fait pas état d'affrontements.

La nuit est exempte de faits marquants. Le climat semble s'apaiser. La tranquillité serait-elle revenue, les manifestations pacifiques auraient-elles endigué la spirale de la violence qui semblait s'auto-alimenter depuis quelques jours? Non, en réalité, les deux camps fourbissent leurs armes: d'un côté, les participants aux émeutes s'équipent en produits inflammables et choisissent les périmètres favorables à la confrontation. De l'autre, le dispositif se renforce: plus de 300 policiers sont maintenant sur le terrain.

Dimanche 30 - lundi 31 octobre 2005

Côté presse

La méfiance témoignée vis-à-vis des autorités par les familles des victimes est rendue publique. L'AFP nous apprend que «l'avocat des familles des deux mineurs a annoncé dimanche qu'il allait porter plainte avec constitution de partie civile au tribunal de Bobigny lundi». «Pourquoi des jeunes qui n'ont rien à se reprocher se sont-ils sentis suffisamment menacés pour pénétrer sur un site dangereux [...] et se cacher à l'intérieur d'une turbine?», s'interroge publiquement maître Jean-Pierre Mignard[1]. Le lendemain, les

---

1. Dépêche AFP, dimanche à 13h13: «Retour au calme à Clichy-sous-Bois après 3 nuits de heurts, 22 gardes à vue.» Depuis lors, l'avocat de la famille a déposé une requête au ministre de l'Intérieur «pour lui demander de reconnaître la responsabilité de l'État pour faute de service». «La conduite de l'opération de police elle-même

familles des victimes refuseront de rencontrer Nicolas Sarkozy. À leur manière, elles désavouent l'autorité du ministre de l'Intérieur. « En aucun cas, nous n'irons voir Sarkozy qui, pour nous, est incompétent. Nous demandons à être reçus par Dominique de Villepin », explique Siyakah Traore, le frère d'une des victimes.

Il faut dire que la version officielle, qui soutient encore la séquence cambriolage - absence de poursuite - entrée sans témoin dans le transformateur, est sérieusement mise à mal. Il est maintenant question que les agents de la BAC aient été appelés non plus pour un vol mais pour des dégradations sur le chantier.

Invité du journal de 20 heures de TF1, le ministre de l'Intérieur, tout en affirmant que « les policiers ne poursuivaient pas les jeunes » électrocutés, défend « la tolérance zéro » en matière de violences urbaines.

Sur le terrain

Nicolas Sarkozy a accordé 17 compagnies de CRS et 7 escadrons de gendarmes mobiles pour renforcer les effectifs à Clichy-sous-Bois. Les premiers troubles éclatent à la tombée de la nuit dans le quartier de La Forestière. On dénombre moins de feux, mais de nouveaux affrontements ont lieu et six policiers sont légèrement blessés, du côté de la cité des Bosquets, à Montfermeil. Les assaillants utilisent des grenades au poivre et au plâtre. Les CRS chargent et l'une de leurs grenades lacrymogènes tombe près de la mosquée, dans le quartier de La Forestière à Clichy[1]. Après la mort des deux enfants, sans son caractère tragique mais symboliquement

---

pose la question de la faute de service, a commenté Mᵉ Mignard. Elle est disproportionnée, puisque l'on sait qu'il n'y avait pas d'infraction. Elle est excessive puisque certains fonctionnaires sont en possession de flash-balls. Elle est en outre périlleuse puisqu'elle vise des adolescents mineurs à proximité d'un site dangereux », *Libération*, 27 avril 2006.

1. L'enquête menée par l'IGS affirme qu'un habitant a amené la grenade dans la mosquée. C'est douteux, car il n'y a pas de traces de brûlures, que laisse toujours une telle grenade, sur les tapis dans la mosquée. Les gaz lacrymogènes sont probablement entrés depuis l'extérieur.

fort, c'est le deuxième fait le plus marquant. Il provoque une vive émotion dans la communauté musulmane. La chute d'une grenade perdue sur une mosquée est le cinquième moment-clé. Cet événement est largement le fait du hasard, au sens d'une situation mal maîtrisée et d'un acte involontaire. Les CRS chargent et s'égarent dans un quartier qu'ils ne connaissent pas suffisamment. Le lieu de prière est invisible de l'extérieur. Il ne s'agit pas d'une grenade délibérément décochée sur la mosquée. Il se trouve qu'au cours des affrontements la grenade tombe à l'extérieur avant d'être poussée ou de rouler à l'intérieur de la mosquée. Les traces laissées sur le bitume par la grenade qui se consume ne laissent aucun doute à ce propos.

Cependant, encore une fois, les autorités se distinguent par une incapacité stupéfiante à communiquer. Certes, le ministre de l'Intérieur réclame une enquête de la police judiciaire, mais il n'adresse aucun signe d'apaisement significatif en direction des populations. Certains habitants accusent les policiers d'avoir jeté délibérément la grenade. Les forces de l'ordre démentent d'une manière curieuse : le dimanche matin, 31 octobre, Nicolas Sarkozy reconnaît que la bombe lacrymogène lancée dans la mosquée la veille était bien « en dotation des compagnies d'intervention (CRS) », mais il précise que cela ne veut « pas dire que c'est un tir fait par un policier ». Ce type de déclaration contradictoire alimente le soupçon, alors qu'une explication simple et franche aurait fait meilleur effet.

Nous arrivons au terme de la première phase de ces événements, celle pendant laquelle les faits restent cantonnés à un secteur proche de Clichy-sous-Bois. De nombreux facteurs ont présidé à leurs enchaînements : des facteurs émotifs, le hasard parfois, mais aussi des erreurs. Ces bifurcations successives entraînent les protagonistes vers un précipice.

Un usage plus adéquat des forces de l'ordre, une compréhension plus grande du phénomène par les politiques, auraient sans doute permis que cette émeute reste à la mesure de celles que nous avons sporadiquement connues depuis 1981. La logique de confrontation qui a prévalu initialement, combinée aux erreurs de communication, en a décidé autrement. Nous étudierons ultérieurement les raisons qui ont présidé à ces choix.

2. Les émeutes quittent Clichy

Du mardi 1ᵉʳ novembre au lundi 7 novembre 2005

Le mardi 1ᵉʳ novembre, Dominique de Villepin rencontre les familles de Ziad et Bouna à Matignon et leur assure que «toute la lumière sera faite sur les circonstances de cet accident». Le geste n'empêche pas la contamination des violences urbaines. Désormais, les émeutes s'étendent géographiquement.

Alors qu'après les nuits de violences, on constate une baisse notable des tensions à Clichy-sous-Bois, sept villes de Seine-Saint-Denis s'embrasent : Aulnay-sous-Bois, Sevran, Bondy, Montfermeil, Neuilly-sur-Marne, Bobigny et Le Blanc-Mesnil. Et surtout, plusieurs autres départements sont touchés dans la nuit : la Seine-et-Marne, le Val-d'Oise et, plus au sud, les Yvelines. Les émeutes tournent autour de la capitale, sans y entrer. Elles se traduisent par des «harcèlements sporadiques de petits groupes mobiles», d'après la police, plutôt que par des affrontements directs : les policiers ont tiré les enseignements des premiers jours, il n'est pas impossible que les émeutiers aient fait de même, tout au moins certains d'entre eux. Et les véhicules brûlent, de plus en plus nombreux chaque nuit dans toute la région.

Pour le ministère de l'Intérieur, il faut changer de braquet : toute nationale qu'elle est, la police n'a pas eu de vision nationale du problème jusque-là. C'est le sixième moment-clé et le dernier : les émeutes débordent leur territoire initial sans qu'on l'ait anticipé. Ensuite, les événements vont suivre une dynamique propre.

Le gouvernement tout entier donne des signes d'agitation et d'intérêt. Le 2 novembre, à l'issue du Conseil des ministres, Jacques Chirac appelle au «retour au calme» et «au respect de la loi», selon le porte-parole du gouvernement, Jean-François Copé. Dominique de Villepin réunit plusieurs ministres «concernés par la mise en œuvre des actions dans les zones urbaines sensibles».

Mais les violences continuent en Seine-Saint-Denis. Dans l'après-midi, une partie du centre commercial Bobigny 2 est vandalisée. Dans la nuit, à Aulnay-sous-Bois, un poste de police est «saccagé» et à La Courneuve les CRS échappent à deux tirs. La Seine-et-Marne et les Hauts-de-Seine ne sont pas épargnés : plusieurs incendies y ont lieu également. Dans la nuit du 3 au 4 novembre, une quinquagénaire handicapée est gravement brûlée au cours de l'attaque d'un bus, à Sevran, en Seine-Saint-Denis. Le véhicule, qui transportait une cinquantaine de personnes, a été pris dans un guet-apens et forcé de s'arrêter à cause de conteneurs enflammés placés au milieu de la route. Les incendiaires ont mis le feu au bus sans laisser le temps à cette femme de sortir.

Après la région parisienne, les émeutes gagnent la province. Les grandes villes du Nord sont affectées (l'agglomération de Lille-Roubaix-Tourcoing notamment), puis la périphérie de Lyon, Saint-Étienne (et le quartier de la Ricamarie), Toulouse et, dans une moindre mesure, Nantes et Brest. L'Est de la France est également touché : presque toutes les grandes villes sont concernées. Le feu a pris. Les forces de l'ordre ne peuvent y mettre fin. La capacité de réponse des sapeurs-pompiers est dépassée (des renforts sont sollicités). Avant intervention, chaque feu doit faire l'objet d'une analyse de risque pour l'environnement, ce qui ne simplifie pas la tâche. On assiste, entre le 3 et le 10 novembre, à une augmentation des destructions en province. Dans le même temps, elles commencent à faiblir en région parisienne.

Le nombre de déprédations augmente chaque nuit dans les banlieues françaises. Le vendredi 4 novembre, ce qui avait été évité

25

jusque-là se produit : un homme succombe à ses blessures, à la suite d'une agression, à Stains, en Seine-Saint-Denis. Alors qu'il était descendu au pied de son immeuble avec un voisin pour éteindre un feu de poubelles, il a été frappé. Sa veuve est reçue dans la matinée du samedi 5 par Nicolas Sarkozy : il déclare que cette agression « ne vient pas forcément des émeutes qui se déroulent actuellement en France ». Le journal *Le Parisien* dans son édition du dimanche 6 novembre raconte dans le détail comment ce retraité « a tenté d'éviter que les feux de poubelles allumés quelques minutes auparavant par des émeutiers ne reprennent » en surveillant le bas de son immeuble avec un ami.

La lassitude semble gagner les villes les plus éprouvées. Des habitants s'organisent avec les pouvoirs publics pour surveiller les bâtiments municipaux, les équipements de leurs quartiers ou leurs véhicules. Ce même samedi, 2 000 à 3 000 personnes manifestent derrière une banderole « Non à la violence, oui au dialogue » devant les carcasses des voitures calcinées, à Aulnay-sous-Bois, l'une des villes les plus touchées du département par les heurts entre jeunes et policiers.

La nuit du dimanche 6 au lundi 7 novembre, la violence atteint des sommets. Les émeutiers avaient jusqu'alors évité d'aller au contact aussi frontalement avec les forces de l'ordre, mais cette nuit-là de violents heurts se produisent à Grigny dans l'Essonne, au cours desquels 29 policiers sont blessés par des tirs de pistolets à grenaille. On découvrira ultérieurement que des jeunes avaient dérobé, un an auparavant, un poste Acropol servant aux échanges cryptés entre policiers, et qu'ils écoutent le trafic radio pour s'adapter au dispositif policier. Deux CRS sont sérieusement atteints. Au total, 36 policiers sont blessés lors de violences dans la nuit du dimanche. Plus de 1 400 véhicules sont brûlés. Ces heures constituent l'acmé des émeutes de l'année 2005 (cf. graphique 1).

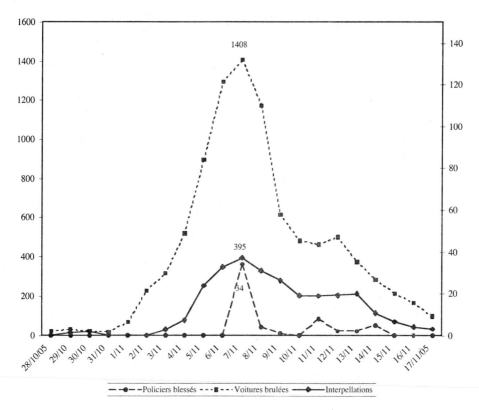

GRAPHIQUE 1

Nombre de véhicules brûlés, de policiers blessés
et d'interpellations de participants aux émeutes chaque nuit,
d'après le ministère de l'Intérieur (28 octobre - 17 novembre 2005)
(source : encyclopédie en ligne Wikipédia)

Depuis le début du mois de novembre, Nicolas Sarkozy est resté relativement silencieux. Le Premier ministre, Dominique de Ville-pin, prend la main, opposant une vision globale à l'approche étroite de son ministre de l'Intérieur. Il affirme, le 4 novembre, vouloir « nouer un dialogue pour trouver des solutions adaptées » aux pro-blèmes des banlieues et soutient que sa priorité est le « rétablisse-ment de l'ordre public ». Il consulte associations et élus locaux.

Mais le gouvernement est au plus mal. La guerre fait rage dans les coulisses entre le Premier ministre et le ministre de l'Intérieur. Le ministre à l'Égalité des chances, Azouz Begag, a déjà fait entendre plusieurs fois sa voix dissonante : il réprouve l'usage d'un certain vocabulaire et « une sémantique guerrière ». « Il ne faut pas dire aux jeunes qu'ils sont des racailles, il ne faut pas dire aux jeunes qu'on va leur rentrer dedans et qu'on va leur envoyer la police », affirme-t-il. Il n'est jamais consulté par Nicolas Sarkozy dont il rappelle qu'il « n'est qu'un ministre sur 31 ».

Dans ce climat, Dominique de Villepin décide d'avoir recours à une loi ancienne datant du 3 avril 1955 pour accroître les pouvoirs des préfets face aux violences urbaines et donner aux policiers des prérogatives supplémentaires, notamment de perquisition la nuit (elle n'avait été appliquée qu'une seule fois en zone gendarmerie dans la petite ville de Grasse dans les Alpes-Maritimes). Il s'en explique sur TF1, le 7 novembre. Il annonce que le président Jacques Chirac a décidé de convoquer un Conseil des ministres pour permettre « aux préfets de recourir au couvre-feu s'ils l'estiment utile », conformément à une loi de 1955 sur l'état d'urgence. Le lendemain, le Conseil des ministres décrète cet « état d'urgence ».

3. Le reflux des violences

À partir du lundi 7 novembre 2005

Rétrospectivement, on sait que la décrue est engagée à partir du 7 novembre 2005. À compter de cette date, les émeutes s'essoufflent : on compte plus de foyers s'éteignant que s'embrasant. Mais, à cet instant, nul n'a les moyens de savoir de quoi sera fait le jour d'après, ni même l'heure. D'autant que certaines informations montrent que le phénomène s'étend encore. Des petites villes

28

comme Oyonax, Miribel, Grasse ou Dôle font l'objet de divers incendies. Dans l'après-midi du samedi 12 novembre, des incidents ont lieu sur la place Bellecour, en plein cœur de Lyon, entre plusieurs dizaines ou centaines de jeunes, selon les sources, et les forces de l'ordre. C'est la première fois que des troubles se produisent dans le centre d'une ville.

L'état d'urgence entre en application le 8 novembre 2005 à minuit (soit le 9 novembre à la première heure). Il est appliqué de manière limitée. Il s'agit pour l'essentiel d'instaurer des «couvre-feux» nocturnes sur des zones géographiques limitées, les quartiers jugés à risques. Le gouvernement exclut la mise en œuvre des dispositions de la loi permettant le contrôle des médias, ainsi que la possibilité, pour les tribunaux militaires, de se saisir de crimes et délits[1]. De son côté, Nicolas Sarkozy hausse le ton en promettant une deuxième fois la tolérance zéro pour les violences urbaines.

La diminution des violences entamée depuis la nuit du 7 au 8 novembre se poursuit. En quelques jours, la situation retourne à un état estimé normal par les autorités. Entre la nuit du 10 et la nuit du 13 novembre, les incidents restent stables. Puis, la décrue se confirme. Le 17 novembre, la fin officielle des émeutes est annoncée.

Cette présentation des faits permet de constater que les émeutes ne sont pas un événement simplement explicable par un état de la société. C'est au contraire la conjonction de phénomènes de nature diverse, de décisions prises par des centaines, voire des milliers, de personnes dans la rue, et par quelques dizaines d'autres aux niveaux locaux ou gouvernementaux. Il est crucial de ne pas laisser l'histoire finale, telle qu'elle découle de ce qui s'est au bout du compte produit, cacher tous les tournants: les événements-clés sont

---

1. Voir *Le Monde* du 3 janvier 2006 qui revient sur les événements: 82 communes de 7 départements ont été concernées par ce type de dispositions (Alpes-Maritimes, Landes, Loiret, Rhône, Seine-Maritime, Somme, Eure).

autant de bifurcations qui pouvaient conduire à un autre résultat. Pour approfondir notre analyse, nous allons donc devoir articuler ces phénomènes avec les tensions générées par leur contexte social et politique. Il nous reste en effet à comprendre ce que sont les agitations urbaines, les nombreuses causes de ces événements, et à savoir en quoi la situation française est spécifique.

CHAPITRE 2

Violences urbaines, émeutes ou révolution : de quoi parle-t-on ?

Des commentateurs veulent y voir de simples délits. D'autres y voient un mouvement social, voire une mobilisation politique, un soulèvement populaire. Les deux analyses opposent la délinquance à la lutte politique. Nous ne pourrons pas nous contenter de ce type d'antagonismes. Car les faits sont plus subtils. Rappelons-nous simplement que l'opposition entre délinquance et mouvement politique n'est pas fondée : on peut commettre des crimes pour faire de la politique. Cependant, si un mouvement violent est qualifié de politique, encore faut-il motiver ce qualificatif. Il ne suffit pas qu'un mouvement ait des conséquences politiques pour l'être par essence. Les précipitations peuvent avoir des conséquences politiques, mais la pluie n'est pas politique.

Concernant les émeutes de 2005, on a à peu près tout dit et tout mélangé. Quelques définitions simples, assorties de quelques précisions, nous permettraient de cerner leur nature.

1. Des «émeutes» plus que des «violences urbaines»

Face au même type d'événement, les anglophones parlent de *riots*. Le mot vient justement de l'ancien français «riote» qui signifiait «querelle». La définition de *riot* précise qu'il s'agit d'une perturbation tumultueuse de la paix publique ou de l'ordre

31

public par trois personnes ou plus, agissant de concert avec un intérêt partagé. Il s'agit donc d'un phénomène collectif bien qu'il puisse être de petite envergure. Une connotation d'aléa s'y attache également.

Cependant deux autres expressions peuvent être utilisées pour désigner les violences urbaines ou émeutes. On parle de **civil unrest** ou de **urban unrest**. *Unrest* se situe entre l'agitation, le trouble, le soulèvement, l'affrontement ; «civil» s'oppose à «militaire», «urbain» à «rural».

Pour revenir à l'ancien français, le querelleur est appelé **rioteur**[1] et plus tard **rioteux**[2]. Le *Trésor de la langue française* souligne sa coloration «d'action déraisonnable, de folie», qui remonterait à 1155. Le même dictionnaire juge que l'appartenance de cette racine à la famille de *ridere*, «rire», est peu probable sémantiquement et chronologiquement, mais le fait qu'elle ait été souvent évoquée indique bien sa dimension festive. Dans la suite de ce livre, il nous arrivera d'utiliser les termes «rioteux» ou «rioteur» comme synonymes d'émeutier.

Venons-en à l'expression «violences urbaines», si usitée en France. Elle appartient presque au vocabulaire courant, et, chose souvent ignorée, a été inventée par la police. Certes, elle emprunte à l'anglais. Comme nous venons de le voir, l'idée de «soulèvements urbains» existe déjà en anglais, et la notion de «violences» en est bien proche. Mais un soulèvement est une forme d'action à caractère collectif bien que non organisé. Ce n'est pas le cas de la violence, qui peut parfaitement désigner l'action d'un individu isolé, ou de quelques individus trop peu nombreux pour constituer les troupes d'un soulèvement.

L'expression nous vient d'abord de la 10e section des renseignements généraux de la préfecture de police de Paris (RGPP) qui, en

---

1. *Dictionnaire de la langue française* d'Émile Littré, publié à partir de 1863, puis dans sa deuxième édition en 1872-1877.
2. *Trésor de la langue française*, 1606.

1988, prend le nom de « violences urbaines », ce qui désignera le fait qu'elle s'occupe des délits anti-institutionnels commis principalement dans les banlieues. Elle est ensuite popularisée par la direction centrale des renseignements généraux (DCRG), qui diffusera en direction des médias des rapports provenant de cette section. L'expression adéquate aurait dû être « violences péri-urbaines » ou, mieux, « troubles péri-urbains ». La notion d'ordre public en banlieue, puisque c'est de cela qu'il s'agit principalement, aurait ainsi été mieux rendue.

La création de ces termes traduit un fait important : les qualifications juridiques préexistantes ne suffisent plus pour analyser la dynamique générale de l'insécurité. Le droit se révèle inadapté comme outil de compréhension des faits sociaux. Le terme « violences urbaines », avec d'autres tels que « sentiment d'insécurité » et « incivilités », tente de restituer les contours contemporains de l'insécurité. D'habitude, les systèmes judiciaire et policier répugnent à employer de telles expressions qui ne font pas écho au code pénal : il faut généralement au moins dix ans pour qu'elles s'imposent. S'associer à des expressions sans fondement juridique est risqué ; cela pourrait vous marginaliser à l'intérieur de votre profession dont l'action découle justement de la loi. Ce n'est donc pas un hasard que ce soient les RG, et non la police judiciaire, plus étroitement liée aux questions de procédure, qui aient apporté ces mots dans le vocabulaire policier. Les « violences urbaines » ne désignent donc pas une catégorie juridique mais un ensemble de phénomènes disparates.

« Violences urbaines » diffère donc de deux manières par rapport à *urban unrest* ou *riot* ; l'expression ne désigne pas spécifiquement des formes d'affrontements collectifs, et elle couvre un grand éventail de comportements qui vont du tag à l'insulte, du feu de poubelle au petit caillassage. De telle sorte qu'aujourd'hui le nouvel indicateur officiel dont nous disposons depuis début 2005 (car les hommes politiques ne cessent de les casser comme autant de thermomètres dérangeants, comme nous le verrons au chapitre 7) recense 110 206 « actes de violence urbaine » en France en 2005.

À eux seuls, les incendies de poubelles (30 040) et ceux de véhicules (45 588) constituent le gros des faits. On comprend immédiatement le problème lié à cet instrument : si un homme se venge contre son voisin parce qu'il a une aventure avec sa femme en mettant le feu à sa voiture, on pourra classer cet acte dans les « VU » comme disent policiers et gendarmes. En revanche, les violences collectives exercées à l'encontre des services de sécurité, de secours ou de santé, qui sont des ingrédients classiques de l'émeute, ne représentent que 5 143 faits sur ce total, et les jets de projectiles 9 063.

Quant au mot « **émeutes** », il désigne une *conjonction* dans le temps et dans l'espace de différents comportements qu'on nomme en France « violences urbaines ». Au cours d'une même nuit, au même endroit, des individus mettent le feu à des voitures, tandis que d'autres font de même avec les poubelles, les plus entreprenants ayant même le temps de jeter des projectiles sur la police, voire d'affronter les agents au corps à corps. Une à une, ces actions peuvent être des violences urbaines, mais, rassemblées, elles forment une émeute.

Les événements d'octobre et novembre 2005 sont donc des émeutes, plutôt que des violences urbaines. C'est d'ailleurs ce que laisse entendre le rapport des RG de novembre 2005 évoquant une « crise plus grave » que des actes de violence urbaine.

Ainsi, c'est par licence que nous allons nous accorder d'utiliser « émeutes » et « violences urbaines » comme des synonymes.

2. Les émeutes en France et à l'étranger : types et comparaisons

Le phénomène a, pour la France, émergé à la fin des années 70. En 1979, à Vaulx-en-Velin, en périphérie immédiate de Lyon, ont lieu les premières émeutes françaises. Leurs composants sont les mêmes que ceux observés depuis : voitures brûlées, affrontements avec la police. En 1981 et 1983, aux Minguettes, un quartier de Vénissieux en banlieue de Lyon, ont lieu des « rodéos » au terme desquels les voitures sont brûlées ; les participants affrontent ensuite la police. Les émeutes de 1981 ne sont guère médiatisées, mais ébranlent le gouvernement socialiste qui vient juste d'arriver aux affaires. Le ministre socialiste de l'Intérieur, Gaston Defferre, veut y opposer un « choc salutaire » tandis que l'ancêtre de la politique de la ville est mise sur les rails. Depuis cette date, des événements plus ou moins graves et médiatisés se produisent, par exemple en 1990 à Vaulx-en-Velin ou en 1991 au Val-Fourré, en banlieue de Paris, où se situent encore les agitations de 1993 et 1997, ou à Dammarie-les-Lys. En 1998, Toulouse est sévèrement touchée, et Montbéliard en 2000, tandis que, pour les fêtes, les voitures s'embrasent systématiquement à Strasbourg ou qu'elles brûlent de manière plus continue à Rouen. Une nouvelle tradition, un savoir-faire, se constitue et se transmet dans une partie de la jeunesse. Des dizaines de milliers de véhicules brûlent chaque année : 28000 dans la seule année 2005, avant la vague d'émeutes, selon la direction des renseignements généraux.

En quoi ont consisté les émeutes de 2005 ? Deux enfants sont morts avant le début des émeutes. Puis, au cours des événements, une personne est décédée des coups reçus par des rioteux. Le ministère de l'Intérieur a dénombré 234 personnels blessés, la plupart étant des policiers nationaux (195), puis des pompiers (26). Dix CRS ont essuyé des coups de feu, une voiture également, à bout portant, alors que deux policiers étaient à l'intérieur. Les chiffres semblent toutefois souffrir d'un léger flou : lors de son rapport devant le Sénat, le ministre délégué aux Collectivités territoriales ne comptait que 139 blessés parmi les forces de l'ordre.

Les destructions ont surtout touché les voitures individuelles, ensuite, puis, dans une bien moindre mesure, les transports collectifs et enfin des bâtiments divers (entreprises, mairie, crèches, etc.). Environ 10 300 véhicules ont été incendiés, dont 4 200 en Île-de-France. Intervenant en clôture d'un débat sur le bilan des violences urbaines et la situation dans les banlieues, le même ministre a indiqué que, «au plus fort des événements, du 27 octobre au 20 novembre», plus de 200 bâtiments publics et 74 bâtiments privés avaient été détruits. À ces chiffres s'ajoutent 7 dépôts de bus et 22 bus ou rames de train. La société qui assure les collectivités territoriales estime à 200 millions d'euros le montant global des dégâts, dont 70 millions pour les municipalités dont des bâtiments ont été détruits. Le reste concerne les entreprises et les particuliers, le premier poste étant celui des voitures. Peu de pillages en règle ont été observés, même si des entrepôts, des pharmacies ou des banques ont fait l'objet d'attaques. Ici ou là, des groupes ont profité de l'aubaine pour faire des casses.

Côté émeutiers, selon le ministère de l'Intérieur, 3 101 personnes ont été placées en garde à vue. La moitié environ des gardés à vue ont été jugés en comparution immédiate, donnant lieu à 422 condamnations «à une peine d'emprisonnement ferme ou comportant une partie ferme». Le directeur général de la police a souligné que 80 % des personnes interpellées étaient des «réitérants» qui, pour autant, n'avaient «pas nécessairement fait l'objet d'une condamnation par la justice». Enfin, près de 45 % seraient des mineurs.

Ces émeutes ont donné lieu à des affrontements avec la police, mais presque jamais entre habitants. Elles ont été pour l'essentiel localisées dans les banlieues plutôt que dans les centres-villes. Les participants sont souvent issus des minorités.

Nos pires émeutes sont d'une violence inférieure aux plus dures connues par les États-Unis. Par comparaison, les émeutes de Los Angeles ont duré six jours, provoquant 54 morts et 2 500 blessés. 10 000 personnes ont été arrêtées, 1 000 magasins ont été incendiés, et le coût des destructions a été estimé à près de 1 milliard de dollars[1]. Ces émeutes sont hors norme, même aux États-Unis. Dans 91 % des émeutes américaines, aucun décès n'est à déplorer[2]. La plupart de ces agitations se rapprochent de celles que nous connaissons d'ordinaire. Ainsi, selon le *New York Post*, le 6 avril 2006, des policiers new-yorkais contrôlent une personne juive qui téléphone au volant, la plaquent au sol et lui passent les menottes. Plusieurs centaines de personnes se rassemblent rapidement, jettent des débris sur la police, brisent les vitres des voitures durant trois heures.

Nos émeutes se distinguent de celles de la faim, comme on a pu les observer en Argentine. En décembre 2001, 289 émeutes de ce type ont éclaté dans le pays. Après des rassemblements de plus en plus massifs devant les hypermarchés pour réclamer de la nourriture, les participants entraient de force si la nourriture leur était refusée. En quelques jours, le phénomène s'est étendu à tout le pays. 18 personnes ont été tuées par les propriétaires ou par la police. En France, aucun magasin d'alimentation n'a été pillé pour les mêmes raisons.

D'autres explosions voient l'affrontement de groupes ethniques. Elles découlent notamment de la compétition ethnique qui s'exerce sur le marché du travail et pour l'occupation territoriale. Elles peuvent aussi être liées à un événement marquant. Ce fut le cas à Los Angeles en 1992, après l'affaire Rodney King, personne noire battue par des policiers. La scène avait été filmée avec un caméscope. L'acquittement des policiers provoqua un embrasement du quartier de South Central et des combats entre Latinos et Noirs. La géographie des émeutes de 1992 à Los Angeles permet de visualiser l'épicentre : il se situe sur la limite entre les zones de peuplement hispanique et noire[3]. Souvent, dans ce cas, la police est prise à

---

1. Albert Bergesen et Max Herman (1998).
2. Au cours des 752 émeutes qui ont eu lieu entre 1964 et 1971, William J. Collins et Robert A. Margo (2004), p. 6.
3. *Id.*

partie du fait qu'elle s'interpose, jouant un rôle de «casques bleus», sans pour autant jouir d'une réputation de neutralité. Parfois les émeutes ont lieu contre des personnes d'une autre religion. Plus généralement, aux États-Unis ou ailleurs, on trouve des émeutes intercommunautaires, comme lorsque, par exemple, des Blancs tentent de repousser les Noirs hors de «leurs» quartiers. En Angleterre, les émeutes de Bradford en 2001 ont vu des Asiatiques et des Blancs s'attaquer mutuellement. En Espagne, les émeutes d'El Ejido de février 2000 sont de même teneur: après le meurtre d'une Espagnole par un jeune déséquilibré et immigré marocain, la région d'Almeria fut le théâtre de violences sans précédent à l'encontre de ses compatriotes, souvent travailleurs clandestins.

Les émeutes sont fréquemment liées à une intervention policière (parfois vécue comme brutale, mais pas toujours) ou à une décision de justice perçue comme injuste, voire à un assassinat. Ainsi, celui de Martin Luther King fut à l'origine des émeutes de 1968. Plus récemment, en mai 2001, à Cincinnati, un adolescent noir était tué par la police: quatre jours d'agitations s'ensuivirent dans le quartier de Over-the-Rhine au centre-ville. Ces émeutes ont un caractère de protestation ou de révolte: elles combinent le vandalisme, l'incendie et le pillage. Les cibles ne sont pas des groupes particuliers. En Angleterre, les émeutes de 1981 et 1985 ont pris la forme de révoltes contre la police et se sont accompagnées de voitures brûlées, de pillages. À Brixton, en 1981, la police s'était arrêtée pour porter secours à un jeune Noir qui avait reçu un coup de couteau dans le dos. Pendant que des bandages de fortune étaient réalisés à l'intérieur de la voiture de patrouille, en attendant l'ambulance, une première attaque eut lieu. De nombreux renforts policiers furent envoyés sur la zone; leur intervention fut perçue comme une occupation inutile du terrain, et une confrontation débuta le 13 avril lorsqu'un jeune Noir fut arrêté après une échauffourée. Des cocktails Molotov furent utilisés pour incendier des voitures et des bâtiments, les voitures de police et les pompiers reçurent en arrivant une pluie de projectiles. Plus tard, des voitures, des boutiques ou des bâtiments du quartier furent incendiés. Selon les témoins interrogés par la presse, des jeunes aussi bien blancs que noirs y participaient[1].

D'autres formes d'émeutes sont des célébrations, des anniversaires. Une équipe de football déçoit ses fans : ils attaquent très spécifiquement les supporters de l'autre équipe, et accompagnent leurs actions de gestes et chansons explicites quant à leurs sentiments à leur égard. La fête devient violente. Les voitures sont retournées, parfois brûlées, les vitrines cassées. Cela se produit également en France en 2006 lorsque l'équipe de France gagne en quart puis en demi-finale : des destructions et même des attaques contre les policiers ont lieu dans de grandes villes comme Marseille ou Paris, mais aussi Dijon. On pourrait ajouter à ces célébrations les émeutes du 14 Juillet, de Noël et du nouvel an qui ne sont pas liées à une détresse particulière ou à un motif clairement identifiable.

Lorsqu'il y a des émeutes, dans de nombreux pays, elles ne se déroulent pas dans les quartiers défavorisés des villes : ce n'est pas nécessairement une conduite de pauvres. En Italie, en mars 2006, avant les élections qui allaient permettre de déterminer si Silvio Berlusconi conserverait le pouvoir, environ 300 personnes d'extrême gauche mirent le feu à des voitures et à un bâtiment à Milan. Des affrontements s'ensuivirent avec les policiers et les commerçants touchés par le vandalisme. Ces agitations furent les pires que l'Italie ait connues depuis celles qui eurent lieu à l'occasion du sommet du G8 à Gênes, en 2001, et au cours desquelles un manifestant anti-mondialisation trouva la mort.
Prenons encore le cas du Canada. Il y a bien eu, comme en France, de nombreux conflits du travail qui ont décliné à la fin des

---

1. Voir le site dédié à l'histoire du journal *The Guardian* pour un récit détaillé des événements : http ://www.urban75.org/brixton/history/riot1.html

années 50. Ils ont été suivis de manifestations politiques qui ont parfois dégénéré en véritables émeutes. Toutes ces manifestations étaient organisées par les premiers partisans de la souveraineté du Québec. Le criminologue Jean-Paul Brodeur a participé à la rédaction d'un rapport gouvernemental sur cette crise. La manifestation d'octobre 1968 fut particulièrement violente. La police chargea les manifestants à cheval tandis que ceux-ci tranchaient les tendons des montures avec des rasoirs attachés au bout de parapluies ou de bâtons. Le Canada connut aussi des émeutes sportives. La plus spectaculaire d'entre elles s'est tenue dans la nuit du 9 au 10 juin 1993, à la suite de la victoire, en championnat, de l'équipe de hockey de Montréal. Ce pays a aussi connu des attaques perpétrées contre des policiers ou contre des commissariats, mais dans les réserves autochtones, hors des grandes villes. Une de ces attaques, connue sous le nom de Crise d'Oka, a été lancée en 1990 par un groupe d'autochtones armés d'AK-47. La violence est l'outil d'une idéologie ou d'un conflit. Mais, au total, rien de comparable aux émeutes urbaines françaises par la combinaison de destructions, de pillages et d'affrontements durables et généralisés avec les autorités ne s'est déroulé au Canada.

Pour qualifier une agitation urbaine, plusieurs critères sont à considérer : le profil des émeutiers, leurs cibles (matérielles ou humaines, sociales, ethniques ou religieuses), le motif probable (la faim, la colère, la célébration, la politique), les attaques éventuelles contre les signes de l'autorité (police, bâtiments) et leurs personnels, le lien avec un mouvement social (la lutte pour les droits civiques) ou l'absence de lien.

Les traits dominants des émeutes françaises sont leur quasi-absence d'agressions entre communautés ethniques, la forte participation des minorités aux violences et le recrutement en milieu urbain et défavorisé pour ce qui est des participants ; les affrontements sont orientés vers la police et faiblement tournés vers les biens d'autres communautés et jamais contre un groupe de personnes qui en est issu. Les destructions sont très importantes par rapport aux années passées, mais modestes par rapport à celles de grandes villes américaines, tant par le coût économique des dégâts que par les pertes humaines. Le fait de détruire les biens des habitants ou des commerçants du quartier se retrouve dans d'autres villes comme Brixton ou New York et ne constitue donc pas une particularité.

3. Émeutes, révoltes, contestations politiques, révolution ?

Selon certains analystes, les émeutiers nous enverraient « un message de type politique le plus noble ». Selon l'historien Jean Nicolas, plus prudent et plus précis, la vague de violences « mérite d'être interprétée comme une parole politique[1] ». Cette lecture a même été partagée par le directeur général de la police nationale qui a dénoncé des « comportements anti-institutionnels », ce qui suppose déjà une volonté de polarisation autour des lieux qui incarnent le pouvoir. Ces commentaires tentent-ils de nous faire prendre des vessies pour des lanternes ? Ou, au contraire, appellent-ils notre attention sur un fait essentiel, la politisation des émeutiers ?

La confusion des violences collectives et du mouvement social de protestation n'est pas nouvelle. Elle a déjà été proposée lors d'autres incidents. À la fin du mois de janvier 2001, environ 300 jeunes se rendirent dans le centre commercial des « 4 Temps » à la Défense afin de s'affronter les uns les autres. Plusieurs centaines de jeunes arrivèrent sur la dalle de la Défense pour se livrer à un mélange de pillage et de bagarre généralisée. Ils s'en prirent aux passants ou aux commerçants. La mise à sac d'un centre commercial serait une forme d'action politique ?

Cette dérive idéologique s'explique principalement par la perte des repères, non pas chez les jeunes cette fois, mais chez les uni-

---

1. Jean Nicolas (2006), p. 87.

41

versitaires bien rodés à l'analyse marxiste du conflit de classes. En effet, comme le résument très bien Bruno Hérault et Didier Lapeyronnie, «l'évolution récente [des conflits sociaux et de la protestation collective] est marquée par l'effacement continu des conflits de classe. Malgré quelques sursauts [...], l'affrontement entre ouvriers et patrons autour des questions liées à l'industrialisation et au progrès n'a cessé de s'affaiblir depuis les années 1970»[1]. Le politique n'est plus là où il devrait se trouver: autour de la domination dans les rapports de production.

Sans boussole, les sociologues du conflit sont désormais prêts à le localiser partout. On constate en conséquence une véritable dilution du conflit politique: comme un morceau de sucre qui a fondu dans un verre d'eau, le conflit politique est désormais informe mais distille son petit goût entêtant à chaque gorgée. Alors, si le politique est dilué, pourquoi la destruction de la voiture du voisin ne serait-elle pas un acte politique, après tout?

Il n'est guère surprenant que cette thèse resurgisse à l'occasion des émeutes de 2005. En effet, le caractère de destruction et d'affrontement, n'est, cette fois, pas combiné avec des pillages (sauf exceptions). Les rioteux allument des feux et tournent autour, en décousent avec la police: clairement, il ne peut s'agir de délinquance d'appropriation. Pendant les protestations étudiantes du printemps 2006, des groupes rassemblant de quelques individus à plusieurs centaines se glissent dans les cortèges des étudiants anti-CPE, et procèdent à des vols à répétition de portables, de sacs à dos, voire à des pillages de magasins. Le caractère répété et systématique de ces raids permet sans difficulté d'établir leur nature: ce sont des vols violents ponctués d'intimidations. Classiquement, les voleurs cherchent à échapper à la police, se tiennent à l'écart, sauf au moment des dispersions où ils en profitent pour caillasser, fondus dans le reste des manifestants étudiants. Rien de tel ne caractérise les émeutes de 2005.

1. Bruno Hérault et Didier Lapeyronnie (2005), p. 253.

Quels sont les arguments s'agençant dans l'interprétation des émeutes comme acte politique ? J'en identifie trois.

– L'émeute n'est pas un grand vol collectif, elle peut donc être un grand soir : si les individus ne recherchent pas leur intérêt individuel immédiat, c'est donc qu'ils recherchent, même confusément, le contraire, c'est-à-dire l'intérêt collectif à plus long terme.

– Le deuxième est que la nature des émeutes est par définition politique : puisant dans la mémoire politique française, l'argument tend à confondre le fait que les rues soient envahies par la population d'une ville et que le pouvoir inique vacille avec un mouvement politique. Les émeutes se produisent dans la rue, elles sont couvertes par les médias, et forment donc des événements politiques. Toute émeute est, en fin de compte, une sorte de mini-Révolution française.

– Le dernier argument fait des émeutes un phénomène non politique mais « pré-politique ». Le sous-prolétariat des banlieues aspire profondément à un changement, il refuse la société injuste, mais il ne le sait pas.

Ce dernier argument me fait particulièrement sourire. Ces commentateurs qui s'auto-intronisent porte-parole d'émeutiers silencieux, cette avant-garde éclairée... Comme tous vrais guides, ceux-ci voient loin et avaient d'ailleurs tout prévu. Des universitaires, sans même se risquer dans la mêlée ou même sans ébaucher de tentative de contact avec cette base violente et désordonnée, peuvent se hisser au rang de leaders politiques...

Tentons une approche distanciée. La protestation et sa forme radicale, la révolution, supposent une conscience politique, même embryonnaire, une organisation de type politique (un mouvement, une base professionnelle, associative, ou même plus informelle), des revendications politiques (la redistribution des terres aux paysans, la nationalisation des outils de production et d'échange, le droit à l'avortement, le droit au logement, etc.) et des leaders porteurs de ces revendications.

Dans la protestation, le message politique est porté par diverses actions : les manifestations par exemple, qui s'arrangeront pour être longuement visibles et polarisées sur les lieux abritant des pouvoirs (par exemple, l'Assemblée nationale ou la mairie). La lutte est durable, elle se déroule par la continuité de différentes actions (meetings, pétitions, lettres ouvertes, manifestations de rue). Il arrive qu'elle débouche sur une lutte armée, sur le terrorisme. Elle peut aussi déboucher sur la négociation politique, ce qui est le cas le plus courant à l'intérieur des démocraties occidentales. Elle peut causer « le grand soir » : par la force armée, ou par la volonté collective, le pouvoir est renversé.

Anthony Oberschall, universitaire de renom, a travaillé sur la protestation violente en tant qu'instrument politique. Selon ses conclusions, la violence compte parmi les moyens efficaces pour mener une stratégie de gestion du conflit. Bien souvent, elle fait partie du répertoire dans lequel aller puiser les ressources d'une action collective : la violence se combine à des méthodes plus pacifiques pour atteindre un objectif[1]. Les parties en conflit savent et anticipent qu'à un moment ultérieur elles devront se rencontrer pour faire des compromis, pour négocier. Dans l'optique de préserver des chances de dialogue, les protagonistes modulent l'ampleur du recours à la force et circonscrivent son usage à des moments bien particuliers tout en veillant à sa visibilité maximale grâce à une forte couverture médiatique. La violence est pour eux un moyen efficace de s'inviter, voire de s'imposer, à la table de négociation.

Cette violence des protestations se retrouve d'ailleurs dans les actions des paysans, qu'ils soient alter-mondialistes ou non : destruction de champs de cultures OGM, attaques de préfectures, tentative de séquestration d'un ministre (sauvé par les policiers qui l'évacuent en hélicoptère), blocages de routes suivis d'affrontements avec les forces de l'ordre.

1. Anthony Oberschall (1973), p. 332.

Le fait qu'il y ait eu usage de violences collectives n'est donc pas un argument pour disqualifier les émeutes de 2005 comme événements politiques.

Pourtant nos émeutes ne rassemblent aucun des traits qui permettent aux politologues d'identifier une lutte sociale ou politique. Décrivons pied à pied la morphologie des émeutes, sans même aborder le profil des rioteux : quels sont les mots d'ordre, les leaders, les cibles, les modes d'action des émeutiers ? Et essayons d'y déceler les proto-signes d'une protestation politique.

Commençons par les cibles des actions. La protestation politique, même violente, se choisit des cibles qui symbolisent ce contre quoi elle se mobilise, bien souvent les édifices qui abritent le pouvoir politique (mais ce peut être parfois un autre symbole). Le Parlement, la mairie, la préfecture sont des cibles classiques. L'organisation générale de la protestation tend à maîtriser l'usage de la violence pendant tout le temps que dure la manifestation. Elle se réserve parfois la possibilité de la laisser s'exprimer ensuite, de telle sorte que les protestataires montrent à la fois leur sens de l'organisation, des responsabilités, leur détermination et leur force potentielle si le conflit devait se durcir.

Le politologue Philippe Braud suggère que la tactique consiste à ne pas franchir le seuil au-delà duquel la violence devient contre-productive. En effet, dans la perspective de négociations, «elle déclencherait l'apparition de réflexes sécuritaires susceptibles de faire passer au second plan les problèmes de fond qu'on avait voulu imposer sur le devant de la scène; [et] risquerait de légitimer en réponse un recours à la force susceptible d'enclencher un scénario d'escalade plus difficilement maîtrisable[1]».

Le conflit est donc porté par les participants vers les lieux de pouvoir et de ce fait dans l'espace public du pays tout entier. Une violence à l'usage calculé pour servir une tactique plus globale.

1. Philippe Braud (1993), p. 13-42.

Les émeutes nous dévoilent un tout autre panorama. L'immense majorité des destructions, en nombre et en coût financier, a touché les véhicules privés. Il y a deux éléments d'explication : le premier tient aux caractéristiques de l'objet, le deuxième à la distance entre l'objet et l'incendiaire potentiel. D'abord, les voitures sont des cibles qui cumulent deux « avantages » : les criminologues les nomment « accessibilité » et « vulnérabilité ». Les voitures se trouvent à portée de vue, à portée de main. Il n'y a qu'à sortir de chez soi pour en trouver une ou plusieurs garées, juste là. Quel autre objet de valeur est accessible au milieu de l'espace public ? Aucun. L'accessibilité organise les comportements délinquants. Ensuite, les voitures sont vulnérables : rien ne les défend contre les incendiaires. Les constructeurs ont, péniblement, fini par limiter les risques de vol en installant divers dispositifs, mais rien n'a été fait par rapport à l'incendie. Au contraire : l'usage abondant des plastiques dans les assises de siège, le tableau de bord ou les garnitures en fait une cible éminemment fragile et inflammable. Voilà qui explique pourquoi c'est d'abord et essentiellement les voitures qui sont touchées.

L'accessibilité vaut aussi pour les bus et les bâtiments municipaux. Tout comme les voitures sont « juste là », les bus passent par là et la crèche est « juste à côté ». L'effort est minimal pour y accéder. Les bus ont, comme les voitures, une capacité à prendre feu qui en fait des cibles pratiques. Ils ne peuvent être très protégés : les conducteurs privilégiant, dans les cas extrêmes, la sécurité des passagers et les dépôts n'étant pas gardés comme des chambres fortes. L'incendie des écoles comme signe de révolte contre cette organisation porteuse d'exclusion apparaît peu probable, car, comme le souligne le géographe Bernard Alidières, « on comprend mal dans ce cas que ce soient des écoles maternelles ou primaires et des médiathèques qui aient été incendiées » plutôt que des collèges ou lycées professionnels[1].

1. Bernard Alidières (2006).

On constate donc que la sélection des cibles par les émeutiers se fait selon des critères qui n'ont rien à voir avec les symboles de pouvoir : elles sont avant tout faciles à atteindre et à détruire.

Pourtant il existe des actions politiques qui visent les voitures. Il existe en effet des groupes anti-4×4 : le «Front de libération de la terre», né aux États-Unis il y a dix ans, dont la version française est les «Dégonflés», apparus à Paris en 2005. Leurs membres sélectionnent certains véhicules en fonction de leurs objectifs (culpabiliser les propriétaires soupçonnés de conduire des «emblèmes d'un individualisme sauvage, des symboles d'une volonté de domination» et surtout de polluer excessivement), puis dégonflent les pneus pour les immobiliser, éventuellement taguent la carrosserie de messages explicites comme «Je pollue et je vous emmerde». Un membre du collectif se confiant à un journal automobile déclare : «Le 4×4 est en contradiction avec les principes de vie en communauté, qui veulent que la liberté de polluer et de surconsommer s'arrête là où commence celle de vivre dans un espace sain», «c'est la seule solution dont nous disposons en tant que simples citoyens pour dire stop»[1]. Une action de ce type ne se confond pas avec les destructions des voitures, n'importe lesquelles, garées au coin de la rue.

La violence n'est pas contenue, pas dosée, pas pointée vers les symboles du pouvoir. Elle n'est même pas tournée «contre les bourgeois» : ce sont les voitures des voisins ou du quartier d'à côté qui brûlent, ce sont les commerces de proximité, parfois du centre-ville, qui sont détruits, bref surtout des biens privés des entreprises ou de gens modestes. Les quartiers riches, les zones pavillonnaires prospères, les arrondissements luxueux de la capitale, et Paris tout court, ne constituent pas des cibles. Qu'on s'en félicite ou qu'on s'en lamente, c'est ainsi : l'analogie avec les paysans en colère qui brûlent les châteaux et les abbayes ne tient pas.

---

1. Interview à *Auto-Plus*, 11 avril 2006, p. 44.

Continuons la comparaison. Dans le cas des protestations, les manifestants brandissent des banderoles, chantent ou crient des slogans. Des messages sont transmis. En tête de cortège, on rencontre généralement les porte-parole du mouvement. Même lorsque leurs actions sont illégales, ils défilent durant la journée, comme ceux qui fauchèrent des plants de maïs transgénique : au vu et au su de tous. Et si certains viennent à être arrêtés par la police, les autres protestent pour demander la libération de leurs camarades.

Les émeutes de 2005 font juste l'inverse. Les rioteux opèrent la nuit, en petits groupes autonomes, pas vraiment organisés. Certes, les gamins montent sur les toits des immeubles pour voir d'où arrivent les CRS, et répercutent l'information, mais cela relève du jeu de cache-cache plus que de l'organisation structurée. Les groupes sont unis contre la police, mais pas assez pour former une alliance positive menant à la formulation de revendications ou même simplement de griefs. De surcroît, ils portent une cagoule ou une écharpe afin de ne pas être reconnus. Ils veulent frapper sans se faire voir. Certains tirent au jugé, quitte à tuer ou à blesser gravement sans même savoir qui sera le destinataire de la balle.

Aucun leader n'apparaît. Nul message politique. Cette situation a amené les médias à sélectionner des personnalités qui s'expriment et à qui il est demandé de «traduire», au sens littéral, ce qui se passe et que personne ne comprend. Alors, au milieu des experts, représentants de la police, élus locaux, se glisse tel médiateur de quartier ou tel adolescent qui donne sa vision des choses. Aucun d'eux n'a de légitimité pour ce faire, mais pas moins, cependant, que les universitaires qui prétendent lire dans la tête des rioteux et savoir ce qu'ils veulent mieux qu'eux-mêmes. Le mouvement est désespérément silencieux, ce qui donne lieu à une «sur-interprétation». Les commentaires tiennent la place de revendications désespérément absentes.

On ne trouvera, au cours de ces journées d'émeutes, ni symbole confessionnel brandi, ni slogan (anti-juif ou anti-chrétien), aucune référence au conflit du Moyen-Orient, ni revendication liée à l'observance de l'islam (porter le voile à l'école ou ailleurs, disposer de lieux de culte). Il n'y a pas de demande de reconnaissance en tant que minorité ayant des particularités et des droits. Nous n'avons constaté ni solidarité entre les bandes ou les cités (pas de «Libérez nos camarades»), ni d'attaques contre les bourgeois ou contre des lieux de pouvoir.

Je rejoins largement les analyses qu'avaient faites, il y a quinze ans déjà, François Dubet ou Michel Wieviorka. Le premier explique: «Une émeute s'oppose en tout point à un mouvement social[1].» Elle est faite de sentiments individuels: «J'ai la haine», «J'ai la rage» racontent les émeutiers. Dans *Violence en France*, Michel Wieviorka écrit: «Les émeutes urbaines ne sont guère portées par un projet politique, elles ne visent pas à transformer le monde, à accéder au pouvoir, elles ne sont pas révolutionnaires», «elles sont à ce point éloignées de toute visée politique qu'elles s'écartent de toute forme organisée ou stabilisée, en dehors des activités criminelles ou délinquantes[2].»

4. Rioteux, violence et mobilisation

Les rioteux ont été alternativement accusés par la direction de la police d'avoir une volonté anti-institutionnelle, et, au contraire, de n'avoir aucune logique. Ils ont enfin été qualifiés par leur passé délinquant. Mais, est-il le même pour les majeurs et les mineurs, pour l'Île-de-France et pour les autres régions, tout au long des différentes vagues d'émeutes? On ne le sait.

Même si l'on entérine le fait que les émeutes ne sont pas des événements politiques, il faut encore réfuter l'hypothèse de rioteux poli-

1. François Dubet (1992), p. 38.
2. Michel Wieviorka (1999).

tisés. Des jeunes pourraient être politisés et agir dans le cadre d'une action violente apolitique. Il me semble que c'est assez improbable. D'une part, ils sont pour un bon nombre trop jeunes en âge. Cela n'empêche pas, d'ailleurs, que tel ou tel participant ait eu un tel parcours. Mais, il est assez difficile de voir comment ils auraient pu acquérir une expérience de l'action politique, ou de la lutte à grande échelle. Il est probable que les rioteux appartiennent à de petites bandes, concurrentes entre elles et peu susceptibles de s'entendre ou même de passer du temps à discuter des moyens d'action politique. Aucune des monographies de terrain de banlieue n'a en tout cas, à ma connaissance, rapporté de telles pratiques. Les joutes verbales existent, mais elles opèrent sur d'autres registres. Enfin, les riotteurs ont souvent des profils de délinquants de rue : d'un point de vue psychologique, ils valorisent ce qui se passe immédiatement, les comportements impulsifs d'affrontement physique, le vol comme moyen acceptable d'obtenir quelque chose. C'est assez rédhibitoire pour l'engagement militant, même ponctuel.

Au cours d'enquêtes dites « de délinquance auto-déclarée » réalisées en région Rhône-Alpes en 1999, 2003 et 2005, nous avons passé au crible les comportements délinquants des jeunes de 13 à 19 ans. Il s'agit d'un sondage en face à face au cours duquel les adolescents décrivent par le menu tous les délits qu'ils ont commis. Cet outil classique de la recherche en sciences sociales apporte plusieurs renseignements intéressants, et conforte l'interprétation d'une double activité, de violence urbaine (au sens d'incendies et de caillassages) et de délinquance de rue (cf. chapitre 6).

Ceux qui jettent des projectiles et mettent le feu seraient-ils plus politisés ? Et cela les distinguerait-il de la masse des délinquants adolescents ? Parleraient-ils plus souvent politique avec leurs copains, auraient-ils plus l'habitude de faire entendre leur voix ? Les jeunes qui s'intéressent à la politique[1] ne sont absolument pas plus

---

1. Ils répondent «beaucoup» ou «assez» à la question «T'intéresses-tu à la politique?» en 1999.

souvent impliqués dans les comportements de violences urbaines. Pour les enfants d'ouvrier ou d'employé, le pourcentage se tient entre 11 et 12 % d'auteurs de ces délits (ne serait-ce qu'une seule fois au cours de leur vie), quel que soit le niveau de politisation. Pour ceux des cadres, les valeurs sont entre 6 et 8 %. Le fait de parler politique avec ses copains et copines ne renforce pas la justification d'incendie. Ceux qui parlent souvent politique affirment que l'incendie d'un bâtiment, d'un bus, d'une voiture ne peut «jamais» se justifier pour 81 % d'entre eux. Ils ne sont que 73,5 % lorsqu'ils n'ont pas d'échanges politiques. La politisation n'augmente pas les justifications de la violence, au contraire.

La déception par rapport au monde politique est, en revanche, associée à une participation plus marquée aux violences urbaines, uniquement pour les enfants des cadres en 1999 et pour tous en 2003. En 1999, les participants fils de cadre sont 5,5 % chez ceux qui répondent que «voter, cela sert à quelque chose» contre 12 % chez ceux pour lesquels «cela ne sert à rien». En 2003, le phénomène est identique pour les enfants du haut de l'échelle sociale (6 % contre 14,5 %), mais la frustration politique est liée aux comportements de violence des enfants du bas de l'échelle sociale : on obtient 21,5 % de participants chez ceux qui ne voient pas l'utilité du vote contre 8 % chez ceux qui la perçoivent. La violence est désormais, dans les deux couches sociales, plus liée à une sorte de frustration politique vécue au niveau individuel. Car il ne s'agit pas d'une étude sur la participation politique, mais sur les attitudes, sur ce que les enfants pensent plutôt que sur leur engagement direct.

Les émeutes ou faits de violence qui ont, dans le passé, engendré de l'émotion n'ont pas débouché sur des mouvements sociaux durables. Au milieu des années 80, la Marche des beurs avait tenté de mobiliser dans les cités. La Marche pour l'égalité et contre le racisme de fin 1983 ne donna pas lieu à un mouvement durable. Partis de Marseille, de jeunes militants d'origine maghrébine et proches de l'extrême gauche, donc politisés, tentèrent de diffuser une vision critique de la société de consommation et de l'exclusion. Ils avancèrent dans l'indifférence générale, de la presse parisienne d'une part, mais également des autres jeunes de banlieue : leur accueil fut inexistant ou glacial. Leur triomphe médiatique attendit l'arrivée à Paris.

À Sartrouville, à la suite de l'assassinat d'un jeune de la cité des Indes, « de jeunes étudiants et adolescents en échec social [...] transformèrent ainsi une révolte spontanée, violente, en un militantisme socio-politique, devinrent alors les représentants des jeunes de la cité des Indes et constituèrent l'Association des jeunes de Sartrouville », raconte le sociologue Adil Jazouli. « Mais, très vite, les jeunes dans la galère, uniquement motivés par la rage nourrie par la mort de leur ami, quittèrent l'association, où ne restèrent que quelques étudiants et intellectuels »[1]. Le modèle est toujours le même : colère initiale au moment des émeutes, mais qui n'est pas suivie d'une action politique construite dans la durée.

Le 14 janvier 1999 un homme de 22 ans était tué d'un coup de couteau à Bouffémont dans le Val-d'Oise alors qu'il tentait de s'interposer dans une rixe. Un rassemblement de jeunes issus des cités naquit en mars-avril 1999. Il prit le nom emblématique de « Stop la violence ». Dès sa création, il connut un énorme succès médiatique. Europe 1, RTL, France Inter, France 2, France 3, Canal + les reçurent dans la foulée. Guillaume Durand présenta leur manifeste à *Nulle Part ailleurs* sur Canal +. Mais, durant leur tournée en province, ils affrontèrent le scepticisme des habitants des cités et des collégiens : qu'avaient-ils à proposer de nouveau ? À Lille et à Roubaix, les militants associatifs qui travaillaient depuis des années dans les quartiers sensibles les reçurent fraîchement. Le mouvement disparut en quelques mois.

Peut-on parler des émeutes comme de phénomènes pré-politiques ? Peuvent-elles annoncer la construction de futures mobilisations pacifiques et revendicatives au plan local ou national ? Pour

---

1. Adil Jazouli (1992), p. 295.

Paola Rebughini, cela a été le cas à Vaulx-en-Velin : beaucoup d'associations impliquant des jeunes « sont nées à la suite des émeutes de 1990, une partie des associations a poursuivi son action jusqu'à l'engagement dans la vie politique locale », s'appuyant sur une tradition d'actions collectives et « la présence de revendications ethniques »[1]. Mais, après vingt-cinq ans de violences urbaines, on peut douter que ce mécanisme vertueux se soit enclenché partout, sans quoi on aurait observé une atténuation des phénomènes d'émeutes au profit de négociations politiques.

Aujourd'hui des « cahiers de doléances » sont rédigés en Seine-Saint-Denis, le terme indique le souhait de faire un rapprochement avec la situation française d'avant la Révolution. Lors de deux « rencontres citoyennes » organisées à Clichy-sous-Bois et à Montfermeil[2], des critiques sur le logement, le transport, l'emploi ou le comportement de la police ont été couchées sur le papier. On parle d'une augmentation de l'inscription sur les listes électorales. Dans les deux cas, il est trop tôt pour en connaître l'importance, l'ancrage et la durée.

5. La délinquance et la révolution

Les liens entre violence et politique sont étroits. Qu'en est-il du rapport entre les comportements d'émeute ou même de délinquance en général et de contestation, voire de révolution ?

La comparaison avec la Révolution française a été brossée par un historien spécialiste des mouvements sociaux au XVIIIe siècle, Jean Nicolas[3]. Selon lui, les différences quant à la nature des deux

---

1. Paola Rebughini (1999), p. 154.
2. Il s'agit d'une initiative de l'Association du collectif liberté égalité fraternité ensemble et unis (AC-Lefeu), créée en novembre dernier à Clichy-sous-Bois. Voir *Le Monde* ou *Libération*, le 26 janvier 2006.
3. Jean Nicolas (2006).

phénomènes sont criantes. Pendant le printemps 1789, la diffusion de la « grande peur » à travers le pays prépara la fin de l'Ancien Régime, explique-t-il. Dans les campagnes, les paysans rédigèrent des cahiers de doléances par milliers, on participa au vote pour désigner les états généraux (qui se transformèrent plus tard en Assemblée constituante). Craignant une contre-attaque des nobles contre le tiers état, sur la base de rumeurs qui traversaient la France comme une traînée de poudre, grâce à l'appel du tocsin et alimentées par les courriers qui galopaient, les placards et les cris à l'auberge ou au marché, les sièges du pouvoir politique et religieux furent attaqués. Les hommes s'armèrent de leurs outils agricoles, de bâtons ou de pierres et se mirent en mouvement. À partir des mois de juin et juillet, dans les villes les élites s'emparèrent du pouvoir municipal et dans les campagnes les paysans s'attaquèrent aux symboles du pouvoir, aux places fortes mais aussi aux actes de propriété. Les châteaux furent détruits, des abbayes aussi. Les sources des revenus de l'État furent bloquées. L'Assemblée constituante fut poussée à voter l'abolition des privilèges la nuit du 4 Août.

La dimension politique des événements frappe l'observateur, même si Jean Nicolas rappelle que les leaders et les mots d'ordre restaient locaux plutôt que régionaux. L'offensive *rurale* est décisive dans cette séquence historique. Les participants sont les paysans, c'est-à-dire les forces vives de la nation laborieuse, les habitants séculaires des villages de France, les personnes intégrées, pour parler avec le vocabulaire actuel, qui ne se privent pas de le faire savoir dans les cahiers de doléances. Une mise en forme politique de leurs griefs précède les émeutes de l'été.

Ces dernières années, dans les pays dans lesquels la criminologie est la plus avancée, mêmes les criminologues de gauche ont renoncé à tenir des positions qui font des délinquants autant de petits « Robins des bois » ou de militants politiques. Dès 1984, John Lea et Jock Young, en Grande-Bretagne, se démarquent de l'utopie néo-marxiste qui idéalise le délinquant de rue et en fait un révolutionnaire[1]. Ce courant de pensée dit de la «gauche réaliste» a fait sien le constat que les délinquants de rue prennent pour proie les pauvres ou les plus défavorisés, les transformant ainsi en doubles victimes, à la fois du système capitaliste et des membres de leur propre classe sociale. En France, François Dubet a fait en 1987, soit il y a presque vingt ans déjà, une analyse identique[2]. Le sociologue explique que «la rage» des jeunes n'a pas d'adversaire social. Les renseignements généraux en 2005 arrivent à des conclusions proches : «La France a connu une forme d'insurrection non organisée avec l'émergence dans le temps et l'espace d'une révolte populaire des cités, sans leader et sans proposition de programme[3].» Décidément, ces émeutes ont fait bouger les lignes de clivage entre les interprétations : sociologues de gauche et policiers chargés du renseignement avancent main dans la main.

Avec les émeutes, cette logique est confirmée : les rioteux font des victimes dans leurs quartiers sans être capables d'identifier un adversaire social. La police qui n'a pas déserté ces quartiers défavorisés représente une source de contrainte potentielle, mais guère d'autorité. Elle est prise à partie à ce titre, avec plus ou moins d'intensité. Ce sont des frictions liées au partage d'un même territoire.

Profiter du silence politique des émeutiers pour placer dans leur bouche les mots que l'on souhaite et en faire des acteurs politiques relève de la mystification pour les uns, de la naïveté pour les autres. Les édifices du pouvoir, le fondement de la propriété, les sources de revenus, aucun de ces piliers de la société n'a été sapé. Certes, on compte des attaques de concessions automobiles, des pillages de magasins... Dans le même temps, le CAC 40 est

---

1. John Lea et Jock Young (1984).
2. François Dubet (1987).
3. Rapport de la direction centrale des renseignements généraux daté du 23 novembre, publié par *Le Parisien*, 7 décembre 2005.

CHAPITRE 3

Le virus de l'émeute

Sur les émeutes, les discours foisonnent. Avec plus ou moins de bonheur. Malheureusement plutôt moins que plus. Il faut dire que les raisons ne manquent pas pour penser facile et imprécis. Vous verrez, sur le même phénomène, avec l'aplomb des idéologues, les uns gloser sur le fait que les émeutes établissent une fois pour toutes que l'assistanat d'État ne mène à rien, tandis que les autres y verront la main intraitable de la mondialisation et de la précarisation, des politiques néo-colonialistes et de la criminalisation des pauvres. Vaste répertoire dont chacun d'entre nous peut puiser des arguments. pour son compte. Certains encore sont tentés d'orienter leur analyse en fonction d'un autre objectif: leur intérêt. La police trouvera avantage à déplacer l'explication vers les questions sociales pour détourner le regard de sa responsabilité. De telle sorte que la préférence pour l'analyse structurelle rassemblera un front hétérogène: aussi bien les sociologues ou géographes qui dénoncent l'inégalité de la structure sociale que les responsables des grandes administrations comme la police. Une unité rare... Quant aux politiques... Pour l'opposition, il suffirait de changer le parti au pouvoir pour en finir avec les violences urbaines. Pour la majorité, la gauche serait par nature incapable de faire face à l'insécurité...

Avant d'analyser les mécanismes qui ont produit les événements de 2005, je dois insister sur le fait que nous ne cherchons pas les causes d'une émeute, mais de centaines d'émeutes. Nous utiliserons pour cela une métaphore biologique. Nous dirons que nous ne voulons pas seulement observer le foyer initial des émeutes, mais la contamination qui a gagné le pays. La métaphore de l'épidémie est la plus appropriée pour essayer de cerner la diffusion, la stabilisation et le déclin du phénomène. Nous distinguerons l'incident qui fait sortir le virus de son confinement. Les caractéristiques qui font de lui un virus transmissible. Ce qui prédispose des organismes vivants à contracter ce virus. Enfin, nous identifierons les facteurs qui permettent ou favorisent sa diffusion d'un point à un autre. Je ne traiterai dans ce chapitre que des phénomènes de circulation du virus au niveau géographique ; je reviendrai au chapitre suivant sur le profil (délinquant notamment) et les motivations individuelles des rioteux.

1. « La faute à Nicolas Sarkozy »

Ministre de l'Intérieur, Nicolas Sarkozy a attiré les critiques dès le début de la crise. À titre d'exemple, on pourra citer ces propos tenus dans une tribune sur Internet : « Le petit coq de la basse-cour gouvernementale, le m'as-tu-vu de Beauvau, le docteur ès-brouffe de la droite au pouvoir sort en guenilles de cette crise majeure. En réclamant sa démission, les jeunes révoltés de nos cités-ghettos ne se trompent pas de cible : c'est bien lui le premier responsable de cette flambée de violence. Seul son renvoi permettrait, peut-être, de calmer les colères[1]. »

Le trait est forcé, mais les propos traduisent le sentiment d'une majorité des Français : une erreur a été commise. Le 2 novembre, un premier sondage de l'institut CSA montre que les répondants sont d'accord avec plusieurs phrases concernant le ministre : « Ses interventions sont trop médiatiques » (73 %), « il met trop l'accent

---

1. L'actualité et les cités : quelques réflexions, sur le site *Ma banlieue à moi*, http ://www.banlieue.info/article.php ?id_article=7.

sur la répression et pas assez sur la prévention» (68 %), «il utilise parfois des termes choquants pour un ministre de l'Intérieur» (63 %)[1]. On n'observe pas de nette divergence entre les opinions en et hors banlieue. Le 8 novembre, au milieu de la tourmente, un autre sondage de CSA sur les 18 ans et plus montre une moindre intensité de la critique : pour eux, «les raisons principales de ce qui se passe en banlieue» sont «le contrôle insuffisant des parents sur les enfants», «le chômage, la précarité, l'absence de perspective» et, en troisième place, «les propos tenus par Nicolas Sarkozy». Chez les 18-24 ans, les mots du ministre sont la cause la plus fréquemment citée. Un autre sondage encore, réalisé par l'institut CSA du 16 au 23 novembre 2005, interrogeait des personnes âgées de 15 à 24 ans sur la question suivante : «À propos des expressions "racaille" et "Kärcher" utilisées par le ministre de l'Intérieur, Nicolas Sarkozy, quelle a été votre attitude?» Une majorité (58 %) se déclare très ou assez choquée, contre 41 % qui l'ont été pas trop ou pas du tout. Seuls 17 % se disent «pas du tout choqués»[2]. Les pourcentages sont identiques en banlieue, en milieu rural ou dans les villes.

Les politologues Sylvain Brouard et Vincent Tiberj ont également dirigé un sondage effectué juste après les émeutes : parmi les causes du déclenchement des événements dans les banlieues, arrivent en tête «les propos de Nicolas Sarkozy» (42 %) et la télévision (40 %). À la fin des émeutes, un dernier sondage montre une France partagée mais penchant pour la faute. À la question «Diriez-vous que Nicolas Sarkozy a eu raison ou tort d'employer l'expression "racaille" en parlant de certains jeunes de banlieue?», 46 % répondent «raison» et 51 % « tort», ce dernier pourcentage atteignant 59 % chez les moins de 30 ans[3].

1. Sondage CSA des 2 et 3 novembre 2005, 1 002 personnes représentatives des 18 ans et plus.
2. Sondage représentatif des 15-24 ans, 442 personnes interrogées ; réalisé pour *Phosphore*.
3. Sondage représentatif des 18 ans et plus, 23 novembre 2003, 971 personnes interrogées, réalisé pour *Marianne*.

L'analyse de l'opinion est celle-ci mais qu'en est-il des faits? En nous reportant à la chronologie, nous constatons que l'expression «nettoyage au Kärcher» a été prononcée à la fin du mois de juin 2005. Le 23 juin en effet, la police annonce qu'elle a arrêté trois des jeunes suspectés du meurtre d'un petit garçon de 11 ans, Sidi Ahmed. Ce dernier avait été tué par une balle perdue lors d'un règlement de comptes dans une cité de La Courneuve, alors qu'il lavait la voiture familiale, au pied de son immeuble. Le ministre de l'Intérieur Nicolas Sarkozy en visite sur les lieux du drame, déclare dans la foulée qu'«il faut nettoyer au Kärcher» la cité des 4000 ou qu'«[il va] nettoyer au Kärcher la cité des 4000», suivant les versions.

Nous sommes donc en juin. Les émeutes commencent fin octobre. Il est assez improbable que les émeutiers aient attendu quatre mois pour réagir. Sans compter qu'une réaction à l'insulte aurait dû se manifester d'abord à La Courneuve et non à Clichy-sous-Bois. Le lien est donc très improbable à la fois chronologiquement et géographiquement.

La seconde polémique porte sur l'emploi du mot «racaille». Il est utilisé par le ministre de l'Intérieur le 25 octobre, alors qu'il se rend à Argenteuil (Val-d'Oise) pour médiatiser la mise en place du nouveau dispositif contre les violences urbaines. Lors de cette visite, il est l'objet de cris hostiles, ponctués de jets de projectiles divers. Lors de l'émission *Arrêt sur images*, diffusée le samedi 5 novembre, on perçoit mieux les circonstances de la sortie de Nicolas Sarkozy. Ce dernier lève la tête et s'adresse à une locataire, qui vit au premier étage d'une tour proche de la dalle d'Argenteuil[1]. La femme interpelle le ministre: «Quand nous débarrassez-

---

1. L'équipe d'*Arrêt sur images* explique qu'elle n'a pas recueilli le témoignage de cette dame, qui ne souhaite pas être filmée, mais qu'une personne (Christelle) a pu rencontrer le gardien de la tour, qui vit à l'étage au-dessous, et a assisté à toute la scène. Et ce que nous raconte le gardien, c'est que le mot «racaille», a été «soufflé» au ministre par la personne en question.

vous de cette racaille?» Le ministre répond: «Vous en avez assez de cette bande de racailles? Eh bien, on va vous en débarrasser.» Puis, il reprend le mot à son compte le 30 octobre. Et le 10 novembre 2005, lors d'une émission spéciale de France 2 sur la crise des banlieues, il réitère longuement ses propos: «Ce sont des voyous, des racailles, je persiste et je signe», précisant aussi que ces adjectifs ne concernent qu'une «infime minorité» de jeunes.

Le premier emploi du mot «racaille» par le ministre de l'Intérieur, le 25 octobre, nous mène bien plus près du déclenchement des émeutes. Cependant l'embrasement n'a rien d'immédiat, au contraire. Rien ne se passe jusqu'à la mort de Ziad et de Bouna. Comment imaginer qu'il faille le décès des deux jeunes gens pour que la phrase du ministre prenne son effet? Pourquoi, si les mots peuvent mettre le feu, ne l'ont-ils pas fait dès le moment où ils sont prononcés? Et pourquoi, réitérés le 10 novembre au soir, n'ont-ils pas relancé les émeutes? Pourquoi, enfin, ces mots n'ont-ils pas eu l'effet du souffle sur les braises dans les lieux où ils ont été prononcés, ou à défaut là où des violences urbaines se déroulaient déjà, comme en banlieue de Lyon? Les propos de Nicolas Sarkozy ne constituent pas une cause crédible de la phase initiale de l'explosion de violences en Seine-Saint-Denis.

Les déclarations d'un ministre de l'Intérieur ne mettent pas le feu aux banlieues, qu'il soit de gauche ou de droite – on se rappelle des «sauvageons» de Jean-Pierre Chevènement –, et que ce soit avant ou après l'été.

Pourquoi Nicolas Sarkozy a-t-il autant attiré les critiques sur lui et à ce point endossé la responsabilité des émeutes selon l'opinion publique?

Le ministre de l'Intérieur s'est posé en «premier flic de France», et donc premier responsable des fluctuations du nombre de crimes et délits. Il l'a beaucoup affirmé. Lorsque l'on a constaté des baisses du niveau de la délinquance, il s'en est attribué le bénéfice. De sorte qu'on attendrait logiquement qu'il s'attribue également la responsabilité des hausses de la délinquance et des émeutes. Étrangement, tel n'est pas le cas. L'opinion ne s'est pas privée de le faire.

Le ministre de l'Intérieur est particulièrement exposé : il a fait le choix de ce que les politologues appellent la campagne permanente. Nul mois ne se passe sans qu'il ne fasse une ou plusieurs apparitions, et ne tienne des propos sur toutes sortes de dossiers liés ou non à ses compétences ministérielles. Il annonce des lois, se fait suivre par les médias dans le moindre déplacement, en banlieue comme en avion. Il participe à des émissions de télévision où il est un gage d'audience, quand il ne se mue pas en animateur radio. Une étude du temps consacré par le ministre aux médias, apparitions et préparation comprises, serait très intéressante. Le choix d'une grande visibilité peut avoir, en cas de crise, sa contrepartie : l'opinion blâmera celui à qui elle pense spontanément comme à un acteur de premier plan.

Aux stratégies du ministre, il faut ajouter celles de ses adversaires. Pendant les émeutes, le Parti socialiste a une attitude ambiguë : son expérience du pouvoir lui a appris la difficulté du contrôle des violences urbaines et l'usage de la répression. Cela n'empêche pas un des secrétaires nationaux, André Vallini, de sonner la charge. Après la crise, le PS donnera d'autres coups de griffe, tentant d'entamer la crédibilité de ce rival pour les élections présidentielles. Étant donné que, dans l'opinion, ses petites phrases apparaissent comme des erreurs, elles constituent un argument de choix.

La rhétorique de Nicolas Sarkozy et, avant lui, de Jean-Pierre Chevènement soulève cependant une vraie question, celle de la place de la loi dans le discours des membres d'un gouvernement. Si les violences urbaines sont des délits, et elles le sont, le fondement du discours du ministre de l'Intérieur pour s'opposer à elles devrait être la loi. Or le ministère de l'Intérieur rappelle la loi aux incendiaires, mais il l'oublie pour lui-même et ses discours de ministre. Ses propos dérivent vers l'invective. Le vocabulaire de l'affrontement de rue se substitue à celui de l'incrimination pénale.

2. Le choc des bandes et des civilisations

Pour expliquer les émeutes, on a également incriminé l'influence des petites ou grandes mafias. Le procureur général de la cour d'appel de Paris, Yves Bot, a accusé des « bandes organisées » d'être à l'origine des affrontements. Le ministre de l'Intérieur a cru bon d'affirmer que les émeutes avaient un caractère planifié, des liens avec le crime organisé. Michel Gaudin, son directeur général de la police, plusieurs fois questionné lors de ses points presse sur le rôle des « bandes organisées » dans les émeutes, a, au contraire, répété : « Nous sommes convaincus qu'il y a un minimum d'organisation au niveau local pour fournir aux gamins des bidons d'essence. Mais dans nos travaux nous ne voyons pas d'organisation structurée ou nationale[1]. » Cette affirmation est la plus crédible, mais les éléments de confirmation font défaut. Personne n'a vérifié si les zones de deal étaient plus calmes que les autres, et si elles avaient pu être sous l'influence pacificatrice d'organisations criminelles (ce sont des situations qui s'observent parfois). On peut juste dire qu'il est peu probable que les trafiquants aient un intérêt aux émeutes : pendant qu'elles se déroulent, le business s'arrête. Il ne fait aucun doute que si préparation et lien avec le business de la drogue il y a, on ne saurait parler de planification. Comparons avec les événements qui se sont déroulés au Brésil et qui témoignent, eux, d'un authentique projet criminel : le principal gang du crime organisé dans la région de São Paulo, nommé Premier commandement de la capitale (PCC), a mené durant deux nuits une série d'attaques contre les commissariats, les bases de la police militarisée,

1. *Libération*, 16 novembre 2005.

les patrouilles de police qui circulent dans les rues. Dans le même temps, des mutineries ont éclaté simultanément dans une trentaine de prisons de l'État. Le bilan après deux jours (du vendredi 12 au samedi 13 mai) est d'au moins 52 morts, parmi lesquels 35 membres des forces de l'ordre. Voilà à quoi ressemble une véritable déclaration de guerre à la police, une attaque anti-institutionnelle.

Une autre hypothèse a fait beaucoup plus parler d'elle. La théorie de l'ethnicisation des émeutes a en particulier été soutenue par le philosophe Alain Finkielkraut : «Quel lien y a-t-il, déclare-t-il, entre la misère et le désespoir et brûler des écoles ? [...] au lieu de les pousser à avoir honte, on leur a donné une légitimité : ils sont "intéressants". Ils sont "les damnés de la terre". Imaginez un instant qu'ils soient blancs comme à Rostock en Allemagne, on dirait immédiatement : le fascisme ne passera pas. Un Arabe qui incendie une école c'est une révolte, un blanc c'est du fascisme. Je suis daltonien : le mal est le mal, peu importe sa couleur. Et ce mal-là, pour le juif que je suis, est totalement inacceptable.» Et il précise : «En France, on voudrait bien réduire les émeutes à leur niveau social. Voir en elles une révolte de jeunes des banlieues contre leur situation, la discrimination dont ils souffrent et contre le chômage. Le problème est que la plupart de ces jeunes sont noirs ou arabes et s'identifient à l'Islam. Il y a en effet en France d'autres émigrants en situation difficile, chinois, vietnamiens, portugais, et ils ne participent pas aux émeutes. Il est donc clair qu'il s'agit d'une révolte à caractère ethnico-religieux[1].» L'interprétation d'Alain Finkielkraut résiste-t-elle à l'analyse ?

Il y a d'abord la question d'une manipulation directe des émeutiers par des organisations religieuses. Le directeur général de la police nationale, Michel Gaudin, ne voit «aucun lien entre ces vio-

---

1. Extraits d'un reportage de 6 pages dans le supplément hebdomadaire de *Haaretz* daté du 18 novembre, traduction de l'hébreu, http ://bellaciao.org/ fr/ article. php3 ?id_article=20907

lences et des mouvements religieux», suivant ainsi l'avis des rapports des renseignements généraux. Le spécialiste de l'Islam Olivier Roy va dans le même sens. Selon lui, les organisations islamiques n'ont pas été présentes sur le terrain pendant les émeutes, et «Al-Quaida n'est pas intéressé par un jihad de banlieue : pourquoi perdre son temps à brûler des voitures dans un quartier qui n'intéresse personne quand on peut aller [...] poser des bombes au centre de Paris». Les musulmans qui vivent hors des banlieues ne se sont pas mobilisés au nom d'une foi commune, et «les dizaines de milliers d'étudiants d'origine musulmane, qui sont souvent politisés [...] n'ont pas bougé». Observant le recrutement des participants à la révolte, Olivier Roy note qu'on trouve des «Africains non musulmans» et des jeunes d'origine française[1]. Pour lui, «il n'y a rien d'arabe ni d'islamique dans la révolte» puisqu'on n'en trouve aucun symbole : le keffieh arboré comme signe contestataire dans les manifestations des années 80 est absent, les drapeaux algériens qu'on trouvait brandis lors du match de football France-Algérie au cours duquel *La Marseillaise* avait été sifflée le 6 octobre 2001 manquent à l'appel. Les signes religieux n'ont fait aucune apparition dans les tenues vestimentaires. La faible structuration idéologique et religieuse du mouvement est manifeste et infirme l'idée d'une planification des émeutes par des organisations musulmanes.

L'épisode de la grenade est d'ailleurs édifiant sur ce point : les déclarations publiques des organisations n'ont pas envenimé les choses, bien au contraire. Le 7 novembre, l'Union des organisations islamiques de France, une structure assez modérée qui lance le mot d'ordre «musulmans et citoyens», rappelle aux fidèles qu'il est «interdit formellement à tout musulman de participer à quelque action qui frappe de façon aveugle des biens privés ou publics ou qui peut attenter à la vie d'autrui».

---

1. Olivier Roy (2005), p. 27-28.

Cependant, le caractère ethnico-religieux des émeutes pourrait s'exprimer autrement. Il ne faut pas oublier qu'une vingtaine de lieux de culte ont subi des dommages pendant ces semaines. Selon le ministère de l'Intérieur, des engins incendiaires ont été lancés contre des mosquées à Carpentras, Montbéliard et Lyon, provoquant des dégâts limités. Deux synagogues ont été abîmées, à Garges-lès-Gonesse et Pierrefitte-sur-Seine[1]. Des incendies ont endommagé des églises à Romans-sur-Isère, à Lens (Pas-de-Calais), ou à Sète (Hérault). Il faut ajouter qu'il peut y avoir une dimension religieuse à l'émoi suscité par certains événements liés aux émeutes : celles-ci se sont produites à la fin du Ramadan et l'identité musulmane a pu être blessée par l'affaire de la grenade lacrymogène. L'absence de geste d'apaisement, d'excuses, des pouvoirs publics à cette occasion a pu laisser penser que l'islam n'était pas considéré comme une religion de valeur égale aux autres.

De plus, les tensions entre juifs et Arabes au Moyen-Orient se répercutent chez nous, favorisant des comportements violents et permettant des analyses en termes ethniques et religieux comme celle d'Alain Finkielkraut. Des actes de terrorisme ont eu lieu pendant l'été 1995, actes auxquels a mis fin la mort du suspect principal Khaled Kelkal : ils traduisaient la radicalisation de la jeunesse musulmane issue de l'immigration. Des saccages de cimetières par l'extrême droite ont ponctué l'actualité, comme celui de Carpentras le 10 mai 1990 par des skinheads et membres du Parti nationaliste français et européen. Ou celui du cimetière juif de Herrlisheim en mai 2004. Plus récemment, Gitans et Arabes se sont affrontés à Perpignan, faisant un mort, engendrant des manifestations de plusieurs milliers de personnes dans la ville, les seconds reprochant aux premiers d'être les protégés de la mairie, de bénéficier de tous les emplois et d'autres avantages. De même, les frictions chro-

---

1. *Le Monde*, 2 décembre 2005, les chiffres sont donnés par le ministère de l'Intérieur.

niques entre jeunes issus de l'immigration et forces de l'ordre contribuent à rendre visible une ligne de démarcation entre des polices publiques blanches et des petits délinquants appartenant plus souvent aux minorités.

Cependant cette dimension reste limitée dans les événements d'octobre-novembre 2005. Selon les RG, les bandes de banlieue sont pluri-ethniques et non mono-ethniques. On n'a eu à déplorer, pendant les émeutes, aucun affrontement interethnique, même si certaines villes comme Évreux méritent un statut d'exception : les commerces appartenant aux minorités sont les seuls à avoir été épargnés. Les tensions entre communautés existent, et des pratiques plus strictes se développent chez les jeunes musulmans, comme l'ont analysé les politologues Sylvain Brouard et Vincent Tiberj en 2005. Au terme d'une étude importante sur les Français issus de l'immigration, les chercheurs indiquent aussi qu'ils se caractérisent bien par un niveau d'antisémitisme plus fort que le reste de l'électorat[1]. Cependant, cette fois, aucune attaque contre les juifs ne s'est produite et leurs lieux de culte n'ont pas été plus touchés que les autres. Les effets de ces clivages marquent certaines manifestations des émeutes mais n'en constituent pas la structure.

Il me semble que les clivages ethniques et religieux traversent la société française, et qu'à ce titre ils sont éligibles au rang de facteurs associés aux émeutes. Les positions les plus radicales tendent à en faire le principal facteur déclenchant, ce qui paraît très discutable. En revanche, un mélange de construction d'identité en fonction des cultures d'origine, et notamment de l'islam, de discordes liées à l'actualité internationale, de tensions avec les forces de l'ordre, de sentiment d'exclusion, de tactiques d'évitement (résidentielles, scolaires), tend à consolider une forme de fracture eth-

---

1. 37 % des nouveaux Français considèrent qu'il y a trop d'immigrés en France. Ils sont 47 % dans le reste de la population.

nique à la française. Un contexte qui a sa part dans les événements. Une caractéristique qui a favorisé la contagion.

3. Les causes d'une épidémie

Le chapitre premier a été l'occasion de mettre à plat ce que nous savons de l'événement qui a soulevé une grande émotion dans la banlieue nord-est de Paris. Toute la séquence qui débute avec la poursuite des enfants, leur mort dans le transformateur et qui se termine avec le début de la circulation des émeutes dans le département a été décortiquée.

Au commencement d'une émeute, on trouve souvent, mais pas toujours, une émotion intense liée à un phénomène qui paraît injuste et qui est ressenti comme insupportable. La mort de deux adolescents concentre ces deux caractéristiques : ils n'avaient rien fait pour mériter ce sort et l'ampleur des conséquences, le double décès, est d'une violence extrême. Étant donné qu'il n'y a pas d'études systématiques sur les émeutes en France réalisées par des personnes impartiales, il est difficile de dire si ce scénario est le plus commun. Les renseignements généraux avaient estimé à un tiers les émeutes qui débutaient avec une forte émotion et une mise en cause pour violence de la police par la population d'un quartier. Mais Lucienne Bui-Trong, l'ex-responsable de la cellule des violences urbaines aux RG, a souligné l'apparition de violences urbaines sans « l'émotion initiale », sans l'élément déclencheur que peut être la mort d'un jeune ou une intervention policière. Entre 1991 et 1997, elle n'enregistre peu ou pas d'émeute de niveau 7 ou 8 sur son échelle (c'est-à-dire avec des destructions d'ampleur) sans une injustice perçue à réparer. Mais, depuis lors, au cours des « nuits de Strasbourg », à la fin de l'année, des incendiaires s'en prennent aux voitures et aux forces de l'ordre de manière rituelle et systématique (même en l'absence de couverture médiatique). L'épisode d'un match retransmis sur écrans géants à Marseille constitue un exemple de choix : joué à Paris il dégénère sur les plages de Marseille parce que les supporters n'acceptent pas la défaite. Nous avons tous en mémoire les débordements suite aux matchs victorieux lors de la Coupe du monde de football en 2006 : plus de morts, mais moins de destructions, sont liés à cet événement qu'aux émeutes de 2005.

Le sociologue californien Christopher Bettinger a analysé les émeutes raciales aux États-Unis durant un siècle, et montré que le lynchage d'un Noir par un groupe de Blancs a souvent eu un rôle dans des séquences de déclenchement. Mais, il isole aussi des épisodes comparables qui n'engendrent pas d'émeute : le fait de pendre Michael Donnell en 1981, de brûler Garnett Johnson en 1997, ou de donner la mort en traînant James Byrd sur le sol en 1998[1].

Au bout du compte, il faut se méfier du concept d'événement déclencheur, dont l'identification passe souvent par une analyse rétrospective, propre à créer l'illusion. Aucune détermination mécanique ne peut être isolée. Les incidents initiaux ne contiennent pas en eux-mêmes la suite de la trajectoire de l'émeute. Plus le temps passe, plus on s'éloigne du site initial, plus encore on a besoin d'autres explications que celle d'un déclencheur unique causant une émotion suffisante pour qu'une vague d'émeutes voie le jour.

Effectivement les émeutes peuvent débuter avec un incident, toutes sortes d'incidents en fait : une bagarre au bac à sable qui finit en affrontement entre deux rues, un match de football qui finit mal. Dans *Autopsie d'une émeute*, celle de 1993 à Melun en Seine-et-Marne, Christian Bachman et Nicole Leguennec racontent comment deux jeunes sont victimes d'un accident de moto. Ils décèdent après une sortie de route qui se termine dans un poteau métallique. La police n'arrive qu'après l'accident. Après un week-end où enflent les rumeurs, le lundi soir à 20h10 les émeutes commencent.

1. Christopher Bettinger (1995), p. 23.

La police est accusée : ce n'était pas un accident, mais un «pare-chocage», technique policière pour arrêter les motocyclettes[1]. Cette émeute-là se déclenche à partir d'un simple accident de la circulation. Il faut prendre en compte toutes sortes d'autres paramètres pour l'expliquer, en particulier la méfiance, voire la suspicion, d'une population à l'égard de la police.

L'émotion ne conduit pas «naturellement» à l'émeute généralisée. Le 1er avril 2005 à Aubervilliers, un jeune homme se tue en essayant d'échapper en scooter à une patrouille de la BAC. Des violences circonscrites ont lieu : des voitures et un entrepôt brûlent, les jeunes affrontent la police au cours de plusieurs soirées. Mais aucune extension n'est à déplorer. Le 16 mai 2006, un garçon d'origine maghrébine meurt à l'hôpital des suites d'un accident de moto : il percute un muret. Des rumeurs sur la responsabilité de la police courent et le soir même, voitures et poubelles sont incendiées. Cela dure une nuit encore. Puis, le feu s'éteint[2].

Je pourrais citer un autre exemple, italien cette fois, sans émeute aucune. En juin 1995, à Turin, la mort du jeune Khalid, noyé après avoir été jeté dans le fleuve, provoque un vif émoi dans la communauté marocaine qui tient pour responsables de sa mort les videurs des bars du quartier Murazzi et les forces de l'ordre. Une marche pacifique est organisée en souvenir du jeune homme et en signe de protestation.

Il arrive qu'on ait des incidents graves sans émeute du tout, ou sans émeute généralisée ; il arrive qu'on ait des émeutes sans incident grave originel. La notion de «déclencheur» unique d'une vague d'agitations est une illusion rétrospective. Une émotion vive et brusque peut éventuellement causer une révolte isolée. Mais, pour que le virus contamine un corps initial, pour qu'il se transmette et se diffuse, il faut la contribution de beaucoup d'autres facteurs.

---

1. Christian Bachman et Nicole Leguennec (1997), p. 43-45.
2. *Libération*, samedi 20 mai 2006.

La mort des deux adolescents provoque une émotion à Clichy-sous-Bois. C'est un point de départ important. Mais il ne suffit pas à expliquer, tant s'en faut, l'extension des violences à toute la Seine-Saint-Denis et moins encore à la France entière. Même à Clichy, on notera que la révolte reste confinée dans un espace restreint, n'enfle pas les 27 et 28, décline même le 29. Elle ne reprend que le 30 au soir, et cela après les incidents qui touchent la mosquée. Ces derniers peuvent être pris comme des co-facteurs déclenchants. On a vu aussi que, comme à Melun, la défiance vis-à-vis de la police jouait un rôle.

Il a également fallu que ce foyer initial laisse échapper son virus. Un système de confinement efficace aurait peut-être pu empêcher la contagion. On a vu que les autorités avaient été surprises par l'intensité des événements, que le format des forces de l'ordre affectées à Clichy-sous-Bois les premiers jours était insuffisant, tout comme un peu plus tard à Aulnay-sous-Bois. De même lorsque les émeutes se répandent dans divers points de la région parisienne. Une épidémie gagne dans un environnement fragilisé socialement : les quartiers sensibles touchés par les émeutes sont nettement plus pauvres que les agglomérations auxquels ils appartiennent, et le département de la Seine-Saint-Denis tout entier moins favorisé que la moyenne de la France. Cette faiblesse favorise le foyer initial, et aussi la diffusion.

Le virus de l'émeute est libéré. Au total, la séquence initiale est faite d'une part de l'émotion d'un quartier, de mauvaises relations chroniques entre la population locale et la police, d'un retard dans la réaction des autorités, du manque de communication et d'information entre elles, du dimensionnement insuffisant des moyens (ou de leur trop faible coordination, ce qui revient au même). C'est toute une chaîne d'erreurs, dans un contexte sensible, qui aboutit à l'agitation urbaine.

Mais si l'on entrevoit mieux comment la contagion débute, voyons aussi comment elle régresse et comment l'épidémie s'éteint.

4. La mort de l'émeute : extension bloquée et déclin

Puisque nous établissons des responsabilités quant à la dynamique d'extension des émeutes, cherchons aussi celles qui concernent leur fin. Comment l'épidémie a-t-elle décru ? Pourquoi ?

Première cause repérable : la contagion ne parvient pas à toucher certaines régions. Les émeutes échouent à s'imposer dans de nouvelles grandes agglomérations qui, à leur tour, pourraient former des foyers de relance du virus. C'est le cas avec Marseille. Sait-on pourquoi Marseille n'a pas explosé[1] ? Il y a bien eu 234 voitures incendiées en novembre, deux fois plus que l'an passé à la même période, mais on n'a relevé aucun affrontement sérieux avec la police. L'unité de prévention urbaine est capable de sentir « le degré de tension pouvant dégénérer en violences urbaines », selon l'expression de Gérard Ripolli. « Grâce à nos renseignements, on a su que des jeunes voulaient se rassembler sur le parking de Carrefour Le Merlan », poursuit celui qui dirige l'unité. Le dispositif policier a été adapté, c'est-à-dire renforcé pour dissuader « les leaders négatifs qui peuvent provoquer une pagaille à partir d'un rassemblement ». Un effet du renseignement de proximité qui a fait défaut en région parisienne a visiblement joué à Marseille.

Claire Duport a comparé Marseille et Toulouse au cours d'un travail sur la gestion des cités et le militantisme[2]. Elle a dénombré 72 équipements collectifs dans les quatre arrondissements des quartiers nord, 225 000 habitants, et 2 seulement dans la zone du Mirail à Toulouse, 50 000 habitants, soit en proportion 1 pour 3 000 habitants dans la cité phocéenne et 1 pour 25 000 dans la Ville rose. Le phénomène peut être dû au contenu des activités,

---

1. *Le Monde*, 14 décembre 2005, pour les citations des acteurs et les chiffres de ce paragraphe.
2. Claire Duport (2000).

mais également aux emplois générés : dans les quartiers nord, l'animation socioculturelle représente plus de 3 500 postes de travail, ce qui équivaut à 4 % de la population active, et près de 25 % des emplois de cadres moyens (les postes d'animateur représentent 74 % des emplois des structures socioculturelles). L'appartenance physique des quartiers nord à la ville, le fait de se sentir marseillais (et non pas de banlieue, par opposition à Paris), la force des liens de clientélisme, se sont peut-être conjugués, permettant d'éviter le pire. Il ne faudrait pas oublier que cette région n'a pas connu d'augmentation du pourcentage de jeunes de moins de 18 ans d'origine étrangère depuis 1968 (cf. chapitre 5).

L'information de proximité, la politique d'attribution des emplois publics, la mobilisation de ces acteurs, ont pu influer sur le cours des choses. En région parisienne, les élus locaux n'ont pas négligé de mobiliser leurs réseaux et de se tenir sur le pont 24 heures sur 24. Mais ils ont été pris de court par la violence des émeutes et la faiblesse de la mobilisation des administrations d'État. Marseille a bénéficié d'un temps de latence qui lui a permis de s'organiser.

Deuxième cause de la décrue : un épuisement du carburant et un refroidissement du temps. Les groupes de jeunes se fatiguent, la répétition des jours d'émeutes n'apporte plus autant de frissons, tandis que la colère initiale s'évanouit. La météorologie s'en mêle : l'automne indien qui n'en finissait pas arrive à son terme, les températures extérieures fraîchissent nettement et rendent les rassemblements et les temps d'attente moins agréables. Or, ils sont nécessaires à l'activité émeutière.

Troisième cause : la réaction des populations touchées. Au fur et à mesure qu'une émeute détruit un quartier, le ras-le-bol des habitants augmente. Même si certains d'entre eux comprennent le malaise des jeunes, la réprobation de l'émeute va en s'intensifiant. L'exaspération croît au niveau local lorsque le quartier brûle pendant plusieurs jours, et aussi au niveau national du fait de la diffusion des images de violences. Le soutien diffus se consume, lui aussi. L'accueil positif réservé à la décision du gouvernement de permettre l'instauration de couvre-feux dans les zones à risques en témoigne. Le sondage réalisé le 8 novembre par l'institut CSA pour le quotidien *Le Parisien* montre que 73 % des personnes interrogées sont favorables à cette mesure. 58 % d'entre elles affirment avoir été scandalisées par les émeutes, 28 % se disent mécontentes (soit 86 %). Celles qui se déclarent «compréhensives» ne sont que 12 % et «en sympathie» 1 %. Les pourcentages sont identiques en banlieue et hors banlieue.

Quatrième cause : la police a retiré de la circulation un certain nombre d'émeutiers. Pour une part, cela a été fait séance tenante. Les interpellations concernent 3000 personnes à l'échelle de la France. Une autre partie le sera *a posteriori* et permettra d'élucider divers délits. Les services de police ont suivi les émeutes plus qu'ils ne les ont anticipées, le nombre d'interpellations suit l'intensité des destructions[1]. Les forces de l'ordre ont globalement agi comme «pompiers des émeutes». Il est probable que ces interpellations aient contribué à la dissuasion, bien que nous n'en ayons pas la preuve.

Les mesures de couvre-feu (interdiction de la circulation des mineurs non accompagnés, interdiction de réunion et fermeture des débits de boissons), dans le cadre de l'état d'urgence et de la loi de 1955, ne doivent sans doute pas être ajoutées à cette liste, leur efficacité étant douteuse. D'une part, elles interviennent le 9 novembre, à un moment où la tendance est déjà à la baisse. D'autre part, elles ne sont pratiquement pas mises en œuvre par les préfets, auxquels il est laissé le soin d'apprécier la situation locale : ils montrent qu'ils n'en ont pas ou plus besoin à ce moment-là. Leur intérêt est principalement politique : elles permettent au gouvernement de montrer sa fermeté et contribuent à couper l'herbe sous le pied de l'extrême droite, toujours prompte à déplorer le laxisme des autorités.

1. Cf. graphique 1, p. 27.

CHAPITRE 4

La contagion

Pour qu'une émeute soit contagieuse, il est nécessaire qu'elle soit très virulente. L'émotion créée par la mort de Ziad et de Bouna est forte. Les premiers affrontements sont très vifs. Dès le 27 octobre au soir, des dizaines de jeunes incendient des voitures, un camion-citerne et un bureau de poste, ils sont une centaine la nuit suivante. Face à eux, les effectifs des forces de l'ordre vont être mis en ligne, comme pour du maintien de l'ordre classique. Ils vont charger, tirer des quantités de grenades lacrymogènes, dont une touchera un lieu de culte. Ils vont eux-mêmes être la cible de divers projectiles, de tirs d'armes à feu. Plus que le nombre de véhicules brûlés, c'est le caractère soutenu des affrontements qui impressionne. Mais le virus de l'émeute n'a pas une durée de vie très longue s'il reste confiné dans un seul lieu. L'effet de l'émotion initiale ne dure qu'un temps, comme cela a été constaté dans toutes les autres émeutes depuis 1981. En quelques jours, les troubles de rue s'apaisent. Il est donc nécessaire que le virus s'exporte pour vivre. D'autres communes doivent imiter les premières. Quels sont les modes de contamination?

1. La contagion par la proximité et les médias

Dans les sciences humaines, depuis l'affrontement entre Gustave Le Bon et Émile Durkheim à la fin du XIXe siècle, l'imitation a mauvaise presse. Le fondateur français de la sociologie est Durkheim. Et le perdant, Le Bon. Il a tenté d'imposer en vain ses vues sur la psychologie des foules, l'inconscient et les effets d'imitation. Ce Trafalgar de l'imitation dans les sciences humaines a enterré l'analyse de la contamination. C'est pour cela qu'il faut aller chercher dans les boîtes à outils d'autres sciences pour la comprendre.

L'imitation passe par l'information. L'influence d'une ville sur une autre nécessite une communication. Il n'y a pas de comportement mimétique si l'on n'a pas connaissance de ce qui se passe ailleurs. Cela peut avoir lieu avec des moyens traditionnels (comme lors de la « Grande Peur » et des révoltes qui l'accompagnent, pendant la Révolution française), les déplacements physiques, ou par l'usage de médias contemporains comme le téléphone, Internet ou la télévision. Ceux qui reçoivent ou vont chercher l'information l'analysent : ils observent ce qui se passe, ils évaluent la situation. Pour les émeutiers éventuels, c'est l'occasion de se demander s'ils doivent rejoindre le mouvement, si les risques sont importants, si cela constitue une bonne opportunité de se venger de la police. Plus la diffusion d'information est soutenue, plus ils ont d'occasions de répondre à ces questions.

L'analyse de la diffusion géographique des émeutes nous permet de distinguer quels canaux de communication ont permis leur diffusion. Les émeutes commencent à Clichy dans les quartiers du Chêne-Pointu et du Bois-du-Temple. Le quartier voisin des Bosquets entre dans la révolte. Puis, l'agitation se déplace vers le quartier de la Forestière, qui est à la jonction de Clichy et Montfermeil. La contamination se révèle d'abord interne à un périmètre très réduit, le grand ensemble Clichy-Montfermeil. L'extension vers d'autres communes comme Bondy puis Aulnay vient dans un deuxième temps. Les premières émeutes apparaissent donc à l'est du département de la Seine-Saint-Denis et se déplacent progressivement vers l'ouest[1]. Dans une première phase des événements, la

1. Cf. graphique 2, p. 78.

proximité géographique est donc la clé de la contamination, sans doute parce que les relations entre personnes, les échanges, sont plus denses localement. Il n'y a rien là de très mystérieux : les jeunes de Clichy et de Bondy, par exemple, se connaissent, ils se rencontrent pour des matchs de foot ou des concerts organisés par les municipalités. Le mimétisme est lié à des relations de proximité au double sens relationnel et physique, ancrées territorialement. Ainsi, la préfecture de département repère rapidement, au tout début de l'agitation, des mouvements d'émeutiers qui viennent d'autres communes pour rejoindre ceux de Clichy-sous-Bois. Les agitations attirent les jeunes au-delà du quartier, comme le confirme l'analyse de l'origine géographique des auteurs de délits passés en jugement en Seine-Saint-Denis faite pour le Centre d'analyse stratégique, un organe de conseil au Premier ministre[1]. Dans l'étude, qui porte sur 122 majeurs de 18 à 21 ans, tous ne sont pas issus des communes en feu, certains viennent de la capitale par exemple : les incidents ont lieu dans 24 communes, mais les émeutiers viennent de 33 communes différentes, soit un tiers de plus. Les mouvements inverses, vers l'extérieur de Clichy, suivent aussi cette logique de communication par les individus. Des communes renommées du département, comme La Courneuve ou Stains, auraient pu s'enflammer tout de suite, ce n'est pas le cas : elles sont plus loin du foyer initial et restent tranquilles dans un premier temps. En revanche, plus proches, au nord, Villepinte ou Aulnay entrent dans le mouvement. On remarque que les émeutes ne se diffusent pas vers l'est, vers le département voisin, comme s'il existait une force des liens interne à la Seine-Saint-Denis.

Lorsque les émeutes dépassent les frontières de ce département, c'est d'abord pour contaminer des départements voisins autour de Paris, qui se mettent à brûler avant de toucher la province. Le déplacement vers la province suit la même logique : Lille sera touchée avant Lyon, puisque plus proche de Paris.

---

1. Des extraits ont été publiés dans *Libération* du samedi 10 juin 2006.

77

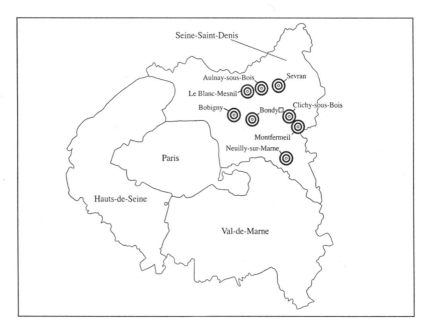

GRAPHIQUE 2

Les principales localisations des émeutes au 1er novembre 2005

Pendant cette période, la télévision, qui diffuse partout les images des incendies et des destructions, n'a donc pas joué le rôle de vecteur principal de l'épidémie. Nous sommes pourtant dans un moment qui précède l'autocensure partielle que les chaînes vont s'imposer plus tard (il n'y a plus de chiffres par villes, plus d'images d'incendies à partir du 9 novembre). Même si la télévision a déjà une influence, elle n'est pas prééminente et se combine avec l'action des échanges interpersonnels à l'intérieur de réseaux sociaux (par les moyens qui le permettent, les médias horizontaux, les moyens collectifs ou individuels de transport).

Mais n'oublions pas que Paris concentre la plupart des grands médias français : toutes les chaînes y ont leur quartier général (même si certaines ont des antennes en province, notamment M6 et

France 3), tous les quotidiens nationaux et plusieurs quotidiens régionaux s'y trouvent également implantés, tout comme les agences de presse et les radios. De telle sorte que la couverture des événements peut devenir maximale et les images se multiplier à grande vitesse.

La généralisation des émeutes depuis Paris vers la province en un temps bref et le pic de destructions enregistrées entre le 2 novembre (après l'extension hors de Clichy) et le 12 novembre (moment où la décrue est vérifiée pour les grands pôles urbains) ne sauraient s'expliquer sans la contribution des grands médias. Ils sont le véhicule qui permet l'embrasement dans la deuxième phase d'extension, après la phase de contagion interne au département de Seine-Saint-Denis. Bien entendu, si les médias véhiculent le virus de l'émeute, on ne peut leur imputer d'en être à l'origine, on ne peut leur attribuer aucun rôle déclencheur dans le processus, ce ne sont pas eux qui créent les conditions sociales, économiques et policières favorables aux émeutes.

L'importance de la couverture médiatique des événements a un effet qui a pu être montré dans les vagues d'émeutes américaines. Étudiant ces vagues d'émeutes des années 60 et 70, le sociologue Daniel Myers a trouvé « une influence extraordinaire des médias[1] ». L'organisation de ce pays-continent, dont certains États, comme le Texas, font la taille de la France, permet de tester cet effet de contagion. Myers a montré que les émeutes sont plus contagieuses si elles se produisent dans des villes qui ont leurs propres chaînes de télévision, et aussi que la contagion est plus probable à l'intérieur du périmètre dans lequel ces chaînes émettent. Il y a quatre fois plus de probabilités qu'une commune rejoigne une vague d'émeutes si elle est située dans la zone de diffusion médiatique d'une ville qui connaît une émeute et possède sa station de télévision. Ce résultat est obtenu en contrôlant la propension à l'émeute. Autrement dit, même en s'assurant que les villes sont

1. Daniel Myers (1997).

79

comparables entre elles (en matière de composition ethnique de la population, de pauvreté, de chômage), il existe un effet de l'exposition aux images d'émeutes pour expliquer la participation à une vague de troubles.

Sous réserve de recherches plus poussées, la situation en 2005 en France paraît mener à des conclusions similaires. Nombre de grandes villes européennes connaissent des situations comparables aux nôtres : clivages ethniques, médiocres relations entre la police et les minorités, concentration du chômage dans certains quartiers et ségrégation urbaine. Pourtant, non seulement ces villes continentales n'ont pas connu d'émeutes dans le passé, mais elles n'ont pas rejoint la vague française[1]. La diffusion des émeutes a été très limitée hors du territoire hexagonal : cinq voitures ont été volontairement incendiées dans la nuit du 6 au 7 novembre à Saint-Gilles, une des communes de Bruxelles, en Belgique, qui accueille les trains en provenance de Paris. Une vingtaine de véhicules sont encore incendiés en Belgique, principalement en banlieue bruxelloise, à Liège et Charleroi, dans la nuit du 11 au 12 novembre 2005. Cinq voitures ont également été brûlées à Berlin et à Brême. Plus tard, dans la nuit du 8 au 9 novembre 2005, quelques autres véhicules brûlent à Berlin et à Cologne. À Bruxelles, la police a procédé, lors de manifestations de plusieurs dizaines de jeunes gens, à une cinquantaine d'interpellations pour port d'objets dangereux, refus d'obtempérer aux injonctions de la police et port de cagoule, selon un communiqué du ministère. Des véhicules ont été incendiés principalement à Bruxelles, Liège et Charleroi dans la nuit du 12 au 13 novembre 2005. Mais, on ne voit pas les affrontements qui existent en France et aucune victime n'a été signalée. Au total, en Belgique, une quinzaine de faits ont été constatés dans plusieurs villes, dont une dizaine d'incendies. Les autres pays d'Europe n'enregistrent que des incidents isolés, sans qu'on sache

1. Voir la synthèse de la presse faite à partir des principaux quotidiens européens surhttp ://fr.wikipedia.org/wiki/Chronologie_des_emeutes_de_2005_en_France# ancrage_1

s'ils sont plus fréquents qu'à un autre moment de l'année. Si phénomène d'imitation hors des frontières françaises il y a eu, il a été très limité : aucune contagion ne s'est produite.

Pourtant, la couverture médiatique débordait la France, les correspondants des grands organes de presse étaient sur place, mais dans aucun de ces pays les émeutes n'ont été le principal sujet de préoccupation de la presse – télévision, radio, journaux notamment. L'intérêt des médias pour le phénomène décline au passage des frontières. Le découpage de l'Europe en nations a joué un rôle de compartimentation : seul l'espace français a été envahi. Il existe pourtant une tradition de l'émeute ailleurs, dans certains pays comme la Grande-Bretagne. Cet effet est lié à la circulation de l'information. Le terrain de diffusion de l'épidémie est celui où les médias relaient avec le plus d'intensité les événements.

En revanche, la contribution des médias à l'extinction des émeutes est probablement négligeable. En effet, les médias français deviennent plus pudiques à partir du 7 novembre. À France 3, le lundi 7 novembre, Paul Nahon prend la décision de ne plus communiquer de bilan détaillé des émeutes « pour éviter la surenchère ». Le 8 au soir, LCI lui emboîte le pas. À France 2, la directrice de l'information, Arlette Chabot, explique : « On donne un chiffre global, pas par ville. De même qu'on ne donne pas le nom des villes. Et puis, nous montrons plus les dégâts que les feux très spectaculaires. » Lors du journal, TF1 choisit de ne plus diffuser d'images de voitures en flammes : « Le mot d'ordre, c'est : "Il faut positiver"[1]. » Cependant, lorsqu'une chaîne prend une initiative de restriction, les confrères réagissent négativement. Ainsi, le samedi 12 novembre, le quotidien *nouvelobs.com* note qu'« une vidéo de bavures policières diffusée jeudi soir lors du journal télévisé de 20h00 de France 2 et à l'origine de la mise en examen de 5 policiers est curieusement introuvable sur le site Internet de la

---

1. *Libération*, 9 novembre 2005.

chaîne». Arlette Chabot justifie sa décision: «On ne voulait pas que ces images soient détournées ou utilisées n'importe comment. Nous ne voulions pas non plus tomber dans la surenchère et qu'elles tournent en boucle au risque d'envenimer les choses à la veille d'un week-end à risques. Mais il n'y a pas de pression ni de censure, c'est moi qui ai pris cette décision, même si j'en ai parlé à la direction de France Télévisions[1].» Au total, les mesures prises sont partielles, tant il est difficile de ne pas couvrir un événement de cette ampleur, et interviennent tardivement, en même temps ou après que le maximum de destruction a été atteint.

2. La météo et les émeutes

La douceur de l'automne, au moment du début des émeutes, n'aura échappé à aucun observateur attentif. Tout comme le refroidissement de la mi-novembre, lors de l'épuisement de la vague de violences. Est-ce le fait du hasard, ou un exemple isolé?

La littérature spécialisée montre, au contraire, que les agitations urbaines sont réellement affectées par la variable météorologique. Les émeutes sont plus nombreuses dans les périodes chaudes de l'été et s'évanouissent en hiver[2]. Aux États-Unis toujours, depuis l'assassinat de Martin Luther King et la hauteur de pluie tombée ce même mois d'avril 1968, la hauteur de pluie est un des facteurs qui permettent de dire si une ville va ou non rejoindre les émeutes[3]. En France, la tradition des émeutes urbaines, car elle existe bel et bien, a débuté pendant l'été 1981. Les violences urbaines se sont répétées jusqu'au milieu des années 90 et ont été

---

1. Isabelle Roberts, «France 2 cache son reportage sur la bavure», *Libération*, 14 novembre 2005. Voir http://www.liberation.fr/page.php?Article=338202 et http://permanent.nouvelobs.com/societe/20051112.OBS4983.html
2. Daniel Myers (2000), p. 194.
3. William J. Collins et Robert A. Margo (2004).

qualifiées d'«étés chauds», tout le monde sachant qu'on se référait simultanément aux climats météorologique et social. Les incendies de l'hiver sont apparus plus tard : la tradition s'est greffée et développée à Strasbourg à la fin des années 80, sur un nouveau terreau. La météorologie influence le caractère infectieux et la propension à l'émeute dans le court terme. Ainsi son rôle n'est pas essentiel pour analyser plusieurs ensembles de vagues d'émeutes ou encore les agitations et leur diffusion de Vénissieux à Strasbourg. Mais, lorsque nous analysons une seule vague, son effet peut être tout à fait décisif. En France, à la fin du mois d'octobre, les températures relevées par Météo-France sont élevées. Depuis le 15, la moyenne quotidienne ne descend jamais au-dessous de 14 °C en journée. Le 27, jour des premières violences, la température moyenne est encore plus élevée, il fait 17 °C. Elle monte à 18 °C le 31 octobre, lorsque les émeutes commencent à s'étendre. Une semaine plus tard, le 8 novembre, il ne fait plus que 11 °C. Après cette date, la température chute : à partir du 18 novembre, date de la fin des violences urbaines, elle reste systématiquement au-dessous de 4 °C.

Évidemment, la météorologie ne constitue pas une cause des troubles. Mais, elle contribue à la diffusion, elle est un facteur facilitateur ou un frein. On ne saurait nier sa contribution au motif que l'analyse marxiste s'en est détournée, de manière surprenante d'ailleurs, tant les agitations sont liées au prix du pain, lui-même lié au climat, *via* la production agricole.

Historiquement, l'effet du climat a souvent été frappant : on l'observe par exemple lors du «passage de la peste bubonique à la peste pulmonaire la plus dangereuse», selon Emmanuel Le Roy Ladurie[1]. On trouvera évidemment des exemples de mobilisation de rue dans de mauvaises conditions comme la Fronde (1648-1650), et, pour paraphraser l'historien, si le climat donne une inscription chronologique, l'événement n'en reste pas moins culturel, social ou politique selon les cas. Les émeutes ne sont pas un

---

1. http ://www.asmp.fr/travaux/communications/2005/ladurie.htm

phénomène météorologique en elles-mêmes, répétons-le; cependant, la contribution du climat est importante pour comprendre de nombreuses facettes de l'histoire humaine, dont les troubles font partie.

3. La propension à participer : l'injustice ressentie

L'explication par la frustration économique et sociale est à la fois incontournable et insuffisante, comme d'ailleurs tous les facteurs pris un à un. Il est crucial de le répéter pour celui-ci également. Nous n'avons, à ce jour, aucune preuve que l'intensité des problèmes sociaux suffit à déterminer quand une émeute se déroulera, quelle intensité elle aura et la manière dont elle s'éteindra.

Commençons par rassembler les arguments qui font des difficultés sociales et économiques un élément à retenir pour comprendre la propension à se joindre aux émeutes. La jeunesse des populations, combinée à leur pauvreté, offre un terreau favorable à des colères violentes liées à un sentiment d'injustice. La géographie des émeutes donne un premier ensemble d'informations sur cette question. La plupart des quartiers qui ont pris feu sont des noms familiers, que ce soit en banlieue parisienne (Montfermeil, Aulnay, Grigny, les Mureaux, Trappes, les Tarterets, etc.) ou dans les grandes villes de province (le Mirail à Toulouse, la Madeleine à Évreux, la Ricamarie à Saint-Étienne, le Moulin-à-Vent à Perpignan).

Les indicateurs sociaux et économiques y montrent une situation très dégradée et une démographie favorable à l'émeute. Au recensement de 1999, le quartier prioritaire du grand ensemble de Clichy-Montfermeil – la zone de redynamisation urbaine (ZRU) de Seine-Saint-Denis – compte 29 955 habitants. Le chômage est bien plus élevé que la moyenne du pays, avec un taux de 27,9 % et, pour les 15-24 ans, de 37,1 %. Enfin, 40,3 % de la population de plus de

15 ans ne possède aucun diplôme. Comme beaucoup d'autres espaces comparables, il est en perte de vitesse démographique : sa population depuis 1990 a diminué de 6 % et 11,4 % des logements sont vacants. Il est aussi jeune : 41 % de la population a moins de 20 ans.

Prenons un autre exemple, celui du quartier de la Madeleine à Évreux, dans l'Eure, où les affrontements ont été très durs avec la police. Il s'agit d'une zone urbaine sensible (ZUS) de 12 000 habitants. Elle aussi a perdu plus de 9 % de sa population entre 1990 et 1999, tandis que le nombre de ses chômeurs a augmenté de 42,2 %. Parmi les personnes de 15 à 24 ans qui ne font pas d'études, 44,3 % sont au chômage (contre 21,6 % en 1990) et 40,2 % ne possèdent aucun diplôme.

La délégation interministérielle à la Ville a facilité la collecte d'informations sur les zones urbaines sensibles et les zones de redynamisation urbaine. Ces espaces sont qualifiés de prioritaires par tous les gouvernements depuis une dizaine d'années. Le fait pour une commune d'appartenir à un espace prioritaire résulte d'un arbitrage politique sur la base d'informations sociales, démographiques, économiques et, dans une moindre mesure, sur la délinquance. Mais ces informations ne constituent pas une mesure parfaite des difficultés socio-économiques. D'autre part, cette géographie est un peu ancienne, elle a été peu rénovée depuis dix ans et n'inclut donc pas certains quartiers «nouveaux» qui peuvent cumuler les difficultés.

Par ailleurs, ce classement en zone prioritaire est un arbitrage politique, pris en fonction de divers critères : il ne résulte pas exclusivement de l'intensité de la précarité, mais aussi de la capacité d'une commune à faire du lobbying pour être prise en compte et obtenir des subsides. Enfin, il y a une bonne dose d'hétérogénéité entre ces espaces : certains sont petits, d'autres ont la taille d'une ville moyenne ; certains sont très loin derrière l'agglomération à laquelle ils appartiennent en termes de ressources, d'autres en sont plus proches. Les taux de délinquance sont également très contrastés d'un lieu à l'autre, comme le montre le rapport de l'Observatoire national des ZUS pour l'année 2004[1]. Être en ZUS ne suffit pas pour qualifier complètement un espace donné.

Cette géographie prioritaire a cependant l'avantage d'exister. Les statistiques sont maintenant disponibles, même s'il a fallu une loi pour obtenir des informations ajustées précisément sur ces zones où environ 7 % de la population française réside. Donnons quelques indications issues du rapport 2004 de l'Observatoire national des ZUS : le taux de chômage des 15-59 ans y est de 20,7 %, soit le double de la moyenne nationale des agglomérations ayant une ZUS (10,3 %). Les revenus fiscaux (hors prestations sociales) sont inférieurs de près de 40 % à cette même moyenne. L'état de santé des enfants est moins bon : plus de surpoids, hygiène dentaire moins bonne. On y trouve environ deux fois plus d'étrangers. Les élèves ont plus de difficultés scolaires qu'ailleurs ; ils sont plus nombreux à connaître un retard d'au moins deux ans (9,5 % contre 5,2 %, soit presque le double)[2].

L'économiste Bernard Salanié rappelle que dans la période 1970-1974, le taux de jeunes hommes de 15-24 ans qui avaient un emploi était de 56 % selon l'OCDE[3]. Dans la période 1993-1996, il tombe à 26 %. Par comparaison, aux États-Unis, il est de 63 % puis 61 % : on n'observe pas de mise à l'écart de cette tranche d'âge. En France, on le voit, cet écart entre les 15-24 et les 25-54 ans devient énorme[4]. L'évolution générale de l'emploi en France s'est faite au détriment des jeunes qui ne sont pas scolarisés, et le phénomène est plus marqué pour les jeunes de banlieue peu ou pas qualifiés, comme nous venons de le voir. Leurs chances de mobilité sociale sont très compromises.

---

1. Observatoire national des ZUS (2005), « Rapport pour l'année 2004 », téléchargeable sur le site de l'organisme, p. 99.
2. *Id.*, p. 208.
3. Chiffres cités dans « The riots in France : An economist's view », http ://riots-france.ssrc.org/Salanie
4. Dans le même temps, il se réduit aux États-Unis (il passe de 29 à 26 %).

La ressemblance entre la géographie des ZUS et celle des émeutes de 2005 ne saurait donc surprendre. Pour nihilistes qu'elles soient, les agitations urbaines prennent racine dans les ghettos de la République, pour parler comme les hommes politiques. Il est difficile à ce jour de dire à quel point il y a ressemblance ou corrélation entre les deux géographies. S'il ne fait aucun doute que les communes sont pour une part les mêmes, il reste à préciser l'étroitesse du lien : est-ce que les émeutes ont été d'autant plus intenses que les difficultés sociales et économiques étaient plus criantes ?

Dès qu'on veut affiner le diagnostic, on bute sur des questions de méthode. Comment définit-on une commune touchée par les émeutes ? Pour Clichy ou Aulnay, il n'y a pas grande difficulté : les destructions sont spectaculaires, les affrontements féroces. Mais pour les communes marginalement affectées ? Suivant les dénombrements, on obtient quelque 300 communes, ce qui correspond au chiffre public le plus souvent cité par le ministère de l'Intérieur ; mais les destructions touchent presque 550 communes d'après des dénombrements plus complets. Et des incidents de violences urbaines (destructions, caillassages) ont eu lieu dans plus de 800 communes durant la période des émeutes !

Les premières observations sur 550 communes permettent de dire que celles ayant une ZUS ont été très largement impliquées dans les émeutes. Environ 56 % des communes touchées font partie de ce groupe, et elles concentrent environ 84 % des voitures brûlées recensées[1]. Sur l'ensemble de plus de 800 communes touchées, pour une part moins nettement, 45 % ont des ZUS. La contamination par le virus de l'émeute a donc débordé le cadre des ZUS. Cependant, leur part reste importante.

La jeunesse de la population des quartiers touchés constitue également un facteur de poids. Il est vérifié en France comme à

---

1. Calculs réalisés par l'INSEE pour le Conseil d'analyse stratégique.

l'étranger. Ainsi, au Royaume-Uni, la concentration de la jeunesse y est nettement plus élevée que dans le reste du pays, d'après une étude d'Anne Power et Rebecca Tunstall : les jeunes de moins de 16 ans sont 31 % dans les quartiers émeutiers contre 20 % dans les zones comparables qui n'ont pas connu ces événements. En France, les zones urbaines sensibles sont des quartiers dans lesquels les familles ont plus d'enfants, ce qui a pour conséquence d'augmenter la part des jeunes. En matière de délinquance de rue classique, le poids des adolescents dans une commune, une circonscription de police ou un département apporte une petite part de l'explication, tout au moins à première vue. Mais, lorsqu'on réalise un certain nombre de vérifications, cette dimension démographique s'efface derrière des variables plus lourdes (caractère urbanisé, chômage des jeunes, part de la population étrangère), de telle sorte que, dans les analyses qui intègrent plusieurs variables à la fois, l'âge de la population d'une zone donnée n'est pas un facteur significatif qui apporte un surcroît d'explication[1]. En matière d'émeutes, il existe un rapport de confrontation bien différent de celui qui organise la relation au fait de voler (que ce soit une voiture ou dans un supermarché) : il faut rapidement faire masse, atteindre un volume critique de personnes prêtes à en découdre. La jeunesse d'un quartier y contribue alors de plusieurs manières. Les adolescents sont en général en bonne forme physique, ils savent courir, sauter, tomber sans se faire mal. Ces garçons sont plus habitués à la bagarre, aussi bien à l'école que dans la rue – comportement qui s'émousse avec l'âge. Ils sont disponibles une grande partie de la journée, surtout s'ils sont au chômage ou ont décroché de l'école, mais même dans le cas contraire ils sont sur place tôt dans l'après-midi et sans activité contrainte. Enfin, les adolescents ont l'impatience de la jeunesse : ils veulent faire les choses « tout de suite ». Une étude du directeur de la sécurité publique du département des Yvelines montre que, parmi les 121 personnes inter-

1. Michèle Tribalat (1999), Sebastian Roché (1998).

pellées en flagrant délit, presque 90 % ont entre 13 et 21 ans (41 % ayant entre 18 et 21 ans). Tous sauf deux sont des garçons.

Ces résultats donnent du crédit à la thèse selon laquelle les émeutes sont liées à un contexte où les perspectives d'avenir sont très restreintes pour les jeunes, et notamment les jeunes issus des minorités (cf. chapitre suivant), situation qui favorise un immense ras-le-bol et la participation spontanée et incontrôlée à des destructions. Mais la frustration ne suffit pas, à elle seule, à rendre compte de la propension à l'émeute.

4. L'État social n'évite pas les émeutes

J'ai souligné que certains militants, universitaires ou hommes politiques veulent ne voir dans les émeutes que la main d'une société injuste et socialement inégale. La cause, unique, des violences urbaines serait l'injustice sociale d'un État qui abandonnerait ses populations les plus fragiles, voire qui les réprimerait. L'analyse des causes infirme cette analyse.

Il ne fait pas de doute que les communes incluant des ZUS ont été des lieux de choix pour la prolifération du virus de l'émeute. Les plus défavorisées ont la plus grande propension à s'enflammer ou à être affectées par l'agitation lorsqu'un processus de diffusion est enclenché. Il n'en reste pas moins qu'une partie importante des destructions ainsi que des affrontements s'est déroulée en dehors de ces zones prioritaires. Vénissieux a ainsi été très peu affectée par les émeutes, alors qu'il s'agit de la commune la plus pauvre du Rhône et qu'elle a une solide expérience de ce type de phénomène. Un grand opérateur de transports en commun comme le groupe Kéolis a déploré 46 bus brûlés, dont 2 seulement en région parisienne qui rassemble le plus grand nombre de ZUS et les plus grandes tensions en matière de distribution des richesses ou de concentration de la pauvreté. Dans le Nord, les premiers incidents débutent dans la nuit du 1er au 2 novembre à Bruay-sur-l'Escaut, lorsqu'une voiture de la police municipale est incendiée dans un parking avec une inscription faisant référence aux émeutes de Clichy. Le géographe Bernard Alidières commente : «Cette commune apparaît comme ayant été autant sinon plus touchée que certaines réputées sensibles du Nord, Maubeuge, Roubaix ou Tourcoing par exemple [1].»

Aux États-Unis, dans un pays encore plus clivé que la France en matière de groupes ethniques et de revenus, avec des ghettos aux conditions de vie infernales, il n'a pas été possible de vérifier que les villes qui explosent ont des conditions sociales et économiques différentes de celles qui n'explosent pas. Ainsi, Daniel Myers n'a pas réussi à montrer l'importance des frustrations pour les vagues d'émeutes des années 60 [2] : il n'y avait pas plus d'inégalités dans les villes émeutières que dans les autres. Il arrive, avec une analyse plus sophistiquée, aux mêmes conclusions que Seymour Spilerman qui avait fait, trente ans plus tôt, les travaux les plus complets de l'époque [3]. La concurrence entre groupes ethniques apparaît bien plus explicative des déclenchements que les inégalités sociales.

En Grande-Bretagne, une recherche sur 13 agitations urbaines entre 1991 et 1992 par Anne Power et Rebecca Tunstall apporte des résultats attendus : les quartiers affectés sont de grande taille, avec des revenus faibles par famille, un taux de chômage plus de deux fois supérieur aux agglomérations de référence (31 % contre 13 %). des problèmes sociaux du quartier identifiés sur le long terme. D'autres le sont moins : dans tous les quartiers sauf un l'urbanisme fait une large place aux maisons traditionnelles avec petits jardins. Les minorités ethniques ne sont pas majoritaires dans ces espaces, et leur poids est plus faible que dans des zones comparables qui n'ont pas pris part aux émeutes [4].

1. Bernard Alidières (2006), p. 11.
2. Daniel Myers (1997).
3. Seymour Spilerman (1970).
4. Anne Power et Rebecca Tunstall (1997).

Les études prouvent que les émeutes sont souvent localisées dans des quartiers défavorisés. Mais, elles ne montrent pas qu'ils sont plus défavorisés que d'autres, qui restent tranquilles. Le facteur est nécessaire, mais non suffisant.

On pourrait également penser que, liées à des conditions de vie très dures, les émeutes se déclenchent dans les périodes de crise économique aiguë. Prenons l'exemple des émeutes de Montbéliard de juillet 2000. Elles démarrent à l'occasion d'une intervention de la police : celle-ci essaie d'arrêter un braqueur de banques de 25 ans, dont le dernier forfait, à main armée, date de la semaine précédente. La police boucle le quartier pour l'interpeller et se voit prise à partie par environ 300 jeunes d'origine maghrébine, selon le récit de Stéphane Beaud et Michel Pialoux [1]. Le soir, une trentaine de jeunes attaquent les policiers et le centre commercial. Des commerces sont pillés. La première émeute de cette ampleur dans la région, nous indiquent les auteurs, « survient dans une période de forte reprise économique depuis 1998 : le taux de chômage local chute de 10 % à 7 % entre septembre 1999 et septembre 2000 [2] ».

Les moments où les émeutes se produisent peuvent être des périodes favorables à la création d'emplois. Les mêmes remarques s'appliquent à la Grande-Bretagne : depuis le début des années 90, l'économie britannique a fait mieux que celles de la France, de l'Allemagne et de l'Italie. Entre 1991 et 2005, le produit intérieur brut par personne à parité de pouvoir d'achat a augmenté de 33 % au Royaume-Uni, considérablement plus vite qu'en France (20 %), en Italie (17 %) et en Allemagne (16 %). Le taux de chômage diminue nettement. Des émeutes se produisent pourtant à Oldham en 2001 et à Bradford en 2003.

Le temps de l'émeute n'est pas le temps de la crise économique.

---

1. Stéphane Beaud et Michel Pialoux (2003).
2. *Id.*, p. 20.

Quand on affine l'approche, que l'on tient compte non seulement de la participation de la population d'une commune aux émeutes, mais aussi de l'intensité de l'émeute (quantité de destructions par rapport au nombre de voitures, violence des affrontements), la recherche suggère que les inégalités constituent un critère qui n'est pas, à lui seul, explicatif. Pour la France, personne n'a encore étudié la question sous cet angle. Cependant, le cas du quartier de la Madeleine à Évreux, où les violences urbaines sont d'une grande intensité, semble révéler une dimension ethnique. Tous les commerces détruits appartenaient à des personnes d'origine française et non issues des minorités.

Les comparaisons entre pays confirment que la mesure « brute » des inégalités est insuffisante pour expliquer les vagues de violences. En effet, comment se fait-il que le pays des droits de l'homme et des transferts sociaux soit plus affecté que ses voisins européens et même, sur la dernière décennie, que les États-Unis ? Les inégalités de distribution de ressources sont plus élevées dans les grandes villes d'Amérique, et on devrait attendre un grand nombre d'émeutes... qui ne se produisent pas. En Grande-Bretagne, le taux de chômage est plus faible qu'en France, particulièrement pour les jeunes, et pourtant les violences urbaines s'y développent. Que dire enfin de tous nos voisins en Europe : l'Italie, le Portugal, l'Espagne, l'Allemagne, qui ne connaissent pas ces agitations ? Trois millions de Turcs résident sur le sol allemand et occupent le bas de l'échelle sociale. Les grandes villes d'outre-Rhin ne sont ni des havres de paix, ni des exemples d'un meilleur équilibre dans la distribution des subsides, mais on n'y observe pas d'émeutes. Si, au sein d'un ensemble de différentes villes ayant des problèmes comparables, certaines brûlent et d'autres non, cela implique que d'autres facteurs d'explication que les inégalités de revenus doivent entrer en ligne de compte pour déterminer les propensions des villes à s'enflammer.

Paola Rebughini a systématiquement comparé les zones de Vaulx-en-Velin (à l'est de Lyon) et Baggio (à l'ouest de Milan).

92

Les deux agglomérations pèsent environ 1,4 million d'habitants, se sont développées dans les années 50 à 70 et leurs pôles économiques traditionnels sont en crise[1]. Les banlieues populaires, qui connaissent des phénomènes comparables de ségrégation ethnique, sont plus frappées par le chômage que le reste de la ville : il y touche entre 20 et 30 % des jeunes. À Milan, le problème du logement est bien plus dramatique qu'à Lyon. Cependant, « les émeutes, les rodéos de voitures et les attaques dirigées contre les structures socio-éducatives [...] ne se sont jamais produits dans le cas de la banlieue italienne[2] ».

Si l'on regarde les types d'État, la part des dépenses sociales dans le produit intérieur brut, et que l'on cherche à savoir si les pays européens qui ont échappé aux violences urbaines appartiennent à une catégorie différente de ceux qui les ont connues, on remarque la chose suivante : les pays dont l'État social est le moins développé (Portugal, Grèce, Espagne) et ceux pour lesquels il l'est le plus (Danemark, Norvège, Suède, Allemagne) n'ont pas connu d'agitations ! La France et la Grande-Bretagne, qui sont dans une position intermédiaire, ont toutes les deux vécu des vagues d'émeutes. Pour les tenants d'une explication structurelle par le niveau de l'État social, cette observation est décevante.

En Europe et en Amérique du Nord, les émeutes françaises font figure d'exception. En dehors des États-Unis dans les années 60 et de la Grande-Bretagne au début des années 80 et à la fin des années 90, aucun autre pays industrialisé n'a connu de vague régionale ou nationale de violences urbaines. Et pourtant les phénomènes de crise urbaine, de migrations et de ghettos ne sont pas français. La crise économique n'a pas frappé tous les pays de la même manière. La Grande-Bretagne, dont le produit intérieur brut fait mieux que la France en termes de taux de croissance, n'a pas fait l'économie des émeutes. Les États-Unis, où la richesse est plus

---

1. Paola Rebughini (1999).
2. *Id.*, p. 143.

inégalement distribuée qu'en France, et de plus en plus mal, n'ont pas connu ces phénomènes depuis plus de dix ans.

Le type d'État, la conjoncture économique, sont de mauvais indicateurs de la propension à l'émeute et même de son déclenchement.

Évitons les déclarations incantatoires sur la société qui favorise les émeutes. Les émeutes sont des événements qui ne peuvent être résumés au contexte économique et social interne à un quartier. Pour comprendre comment un quartier rejoint une agitation, il faut combiner de nombreux éléments d'explication : proximité avec d'autres communes déjà touchées, action des médias, météorologie, peuplement, caractéristiques des individus, mode opératoire de la police entre autres. Nous devons affiner toutes nos hypothèses. Il convient notamment de distinguer les facteurs de risque qui relèvent du milieu et les modes de vie ; si on analysait une véritable épidémie, on distinguerait la présence de virus dans un milieu et l'absence d'hygiène ou l'usage des transports en commun (modes de vie des individus). De même, dans notre démarche, il faut montrer ce qui relève du milieu de vie (les caractéristiques du quartier) et des modes de vie à risques des personnes. Ces derniers sont des prédicteurs des participations individuelles dont on ne peut se passer pour expliquer les émeutes. Ce ne sont pas les quartiers qui se rendent à l'émeute, mais les habitants.

CHAPITRE 5

Converger vers l'explosion hostile : minorités et police

La France a peur de ses minorités. Coincée entre un discours victimaire bien-pensant et le danger d'un racisme grandissant, elle a du mal à commenter des faits pourtant évidents, tels que la présence de nombreux jeunes issus de l'immigration parmi les émeutiers. Le gouvernement, de son côté, prompt à désigner la racaille ou les sauvageons, l'est moins lorsqu'il s'agit de tenir un discours franc sur la question de sa police et de ses rapports avec les minorités. Pour analyser les émeutes, on peut pourtant difficilement faire l'économie de ces questions. Et il est parfaitement possible de se les poser, sans verser dans la partialité ou les accusations outrancières, sans nourrir les théories d'idéologues qui voudront s'emparer d'arguments déformés, mais en s'appuyant sur les résultats que nous fournissent des études aux méthodologies solides.

1. Se rendre à l'émeute

L'émeute n'apparaît pas en une seconde dans un nuage de fumée. Dès 1962, l'universitaire Neil Smelser a identifié plusieurs conditions qui rendent les mouvements collectifs possibles, et notamment les émeutes, qu'il appelle des « explosions hostiles ». Il isole tout d'abord un sentiment d'hostilité général, lequel est dirigé vers ceux qui sont estimés responsables des maux ou frustrations qui accablent la population. En France, au contraire de l'école ou la justice, la confiance dans la police est nettement plus dégradée pour les personnes d'origine étrangère comme l'ont montré les politologues Sylvain Brouard et Vincent Tiberj avec un décalage de 20 points en moins[1]. L'émeute est ensuite le fruit d'un processus de rassemblement des individus qu'il est nécessaire de décomposer. Sans une convergence, une agrégation initiale, il ne peut y avoir d'agitation. Un sociologue américain, David Snyder, a identifié plusieurs processus d'agrégation de la foule et montré leur importance dans la possibilité ou non d'une émeute[2]. Selon ses études, l'un des deux facteurs qui se révélaient décisifs dans leur apparition était la conjonction de certains caractères géographiques (l'autre facteur étant la proportion de personnes noires dans le quartier) avec de mauvaises relations entre police et minorités. Il a isolé les caractères suivants :

– il faut que la population soit suffisamment dense. Pour les événements français de 2005, cette condition est présente puisque le peuplement dans ce qu'on appelle les grands ensembles, les tours et les barres qui sont l'architecture des banlieues encore aujourd'hui, est un peuplement concentré. Cette densité favorise la communication. Il faut que les personnes puissent entendre ou participer à des conversations, pour qu'elles sachent qu'un rassemblement se prépare (rappelons qu'aucune médiatisation n'a lieu au stade initial).

– il faut que le lieu de rassemblement soit proche du lieu où réside cette population, de manière qu'il soit facile de s'y rendre et de s'y retrouver. Cette exigence de proximité n'est peut-être pas étrangère non plus à un désir d'avoir des témoins, de donner une dimension théâtrale aux violences.

1. Il s'agit des résultats d'un sondage qui compare les populations d'origine étrangère et d'origine française au niveau national. À la question «voici un certain nombre d'institutions», pour la police «pouvez-vous me dire si vous avez confiance», les modalités «pas du tout», et «plutôt pas» rassemblent 42 % des premières contre 23 % des secondes.
2. David Snyder (1979).

– il faut un horaire favorable, qui est invariablement la fin d'après-midi, après les heures de travail. Les délinquants chroniques sérieux n'ont pas d'activité, cependant une large partie des jeunes impliqués reste (mal) scolarisée, en particulier ceux qui sont engagés dans la petite délinquance.

– il faut des «rencontres hostiles» entre les minorités et les forces de police, qui forment autant de petits incidents et d'occasions pour se mobiliser.

Personne n'a encore publié en France de travail sur la manière dont les rioteux font le choix de se rendre ou de ne pas se rendre au rassemblement. Des sociologues américains ont étudié précisément la façon dont s'était formée une des plus grosses émeutes à Détroit en 1967[1]. Ils ont rencontré 500 participants pour savoir comment ils avaient été mis au courant du rassemblement, quelles informations leur avaient été données, ce qu'ils étaient en train de faire quand on les avait prévenus et ce qu'ils faisaient avant de s'interrompre pour rejoindre l'émeute. L'étude a confirmé la prépondérance, dans le processus, de l'échange verbal en face à face ou de l'usage du téléphone. À l'époque, ce dernier était fixe et non mobile et les SMS n'existaient pas, mais ces nouveaux instruments ne semblent pas avoir beaucoup changé la donne. La plupart des personnes qui sont allées sur le lieu de rassemblement se trouvaient à proximité, et ont interrompu des activités quotidiennes (faire des courses, revenir du travail, etc.). Dans la presse, certains émeutiers français ont expliqué, au moment de leur jugement, le processus qui les avait amenés sur les lieux. Ainsi, lors de son jugement au tribunal de Bobigny, Anthony raconte : «J'ai rencontré deux copains à l'arrêt de bus, on a parlé de ce qui se passait dans les banlieues...» et c'est ainsi qu'il s'est joint à l'affrontement[2].

En revanche, l'étude de Singer montre un résultat peu connu et très intéressant : la création du rassemblement prend un laps de

---

1. Benjamin Singer *et al.* (1970).
2. *La Croix*, 9 novembre 2005.

temps très important. 15 % seulement des émeutiers se rendent sur place dans la demi-heure qui suit leur information, et 12 % entre une demi-heure et deux heures. Les autres participants ne viennent que plus tardivement. En France, nous avons vu cette montée en puissance. La première nuit, le 27 octobre, les jeunes sont «quelques dizaines». La nuit suivante, leur nombre se monte à «quelques centaines»[1]. Le temps qui s'écoule est une condition de l'augmentation de la mobilisation vers l'émeute. Dans d'autres communes, l'agrégation des forces se fera également la veille pour le lendemain, comme à Évreux.

Un rassemblement spontané n'est pas toujours instantané. Si le rassemblement est spontané, il n'est ni immédiat ni massif. Ces éléments permettent sans doute de répondre aux spéculations sur le caractère organisé ou désorganisé des mouvements. Le 3 novembre 2005, soit moins d'une semaine après le déclenchement des émeutes, Nicolas Sarkozy affirmait que celles-ci n'avaient «rien de spontané» et étaient «parfaitement organisées». Un rapport de la direction centrale des renseignements généraux conclut au contraire: «La France a connu une forme d'insurrection non organisée[2].»

Ce n'est pas parce que différents groupes convergent qu'une planification est à l'œuvre. Plusieurs émeutiers ont été interrogés par *Le Figaro*[3]. Un grand Mauricien le confesse sans ambages à une journaliste: «On est passé à l'acte de façon pas très réfléchie.» Sans se poser de question, un autre groupe de cinq gamins âgés de 13 à 16 ans sont montés sur une passerelle qui surplombe l'A86, d'où ils ont lâché un cocktail Molotov sur un motard de la police: «Sur le coup, on n'a pas réfléchi.»

Dans ces moments d'émotion intense et collective, les gens communiquent bien plus que d'habitude. Ces interactions structu-

1. Rapport des RG du 23 novembre 2005.
2. Rapport daté du 23 novembre et publié par *Le Parisien* du 7 décembre 2005.
3. Édition du 14 novembre 2005.

rent le mouvement, elles sont essentielles pour que le processus s'enclenche localement. Les émeutiers, chacun à son rythme, rejoignent le groupe sans concertation centralisée. Le processus de contamination à l'Île-de-France suit la même logique : dans la première phase, on a affaire à un mouvement qui gagne progressivement, pas à un embrasement immédiat.

Tous ceux qui convergent vers le lieu de l'émeute n'y vont pas pour y commettre des délits. Certaines personnes vont « juste voir », après tout c'est proche de chez eux et il semble se produire quelque chose d'important. D'autres accompagnent leurs amis, appartiennent à un groupe ou à une bande, certains sont déterminés à protester contre l'injustice qu'ils ressentent. D'autres y voient une bonne occasion de vandalisme, voire de pillage, ce qui a été plus rare en France. Enfin, certains veulent s'en prendre aux responsables supposés d'un incident (s'il y en a eu un) tandis que d'autres veulent apaiser les esprits. C'est ce qu'a fait un responsable associatif dans le quartier de la Madeleine, à Évreux : « Je me suis rendu sur place en espérant pouvoir intervenir et calmer un peu le jeu. Sans réussite. Ils étaient beaucoup trop nombreux. » Il a assisté, impuissant, à l'embrasement et aux scènes de violence[1].

Pour la police, il est crucial d'identifier quels types de personnes sont présentes sur les lieux et ce qu'elles viennent y faire. Leurs modes d'action seront ajustés en fonction de ces paramètres. Si les simples badauds sont nombreux, les forces de l'ordre ne peuvent pas agir comme s'il n'y avait que des émeutiers. Pour ceux qui veulent en découdre, la foule est une alliée : paniquée, n'ayant pas de but et faisant masse, elle sert de rempart contre la police. Si certains viennent pour essayer de calmer le jeu, peut-être faut-il leur laisser une chance d'y parvenir, etc. Ces choix initiaux des autorités peuvent faire basculer les opinions et enclencher l'émeute plutôt que la dissuader. Ils peuvent aussi mener à déployer un

1. « La Madeleine sous le choc », *Paris Normandie*, 7 novembre 2005.

cipalement, sont supposés avoir grandement contribué aux événements. Sur la base des études disponibles permettant de déterminer la propension des villes à participer à des violences urbaines, c'est effectivement très probable. Il faudrait approfondir cette question. Mais, étant donné que la statistique française est encadrée par la législation, qui interdisait de distinguer les Français selon leur origine – le pouvoir craint les effets pervers de la connaissance –, nous ne disposons que depuis quelque temps d'une première base nationale fiable pour étudier ce phénomène et les études précises ne sont pas disponibles. À partir d'études locales, nous pouvons cependant démontrer que ces jeunes sont sur-représentés en banlieue parisienne, et également dans les banlieues des autres grandes agglomérations françaises. Une étude de la sécurité publique sur le département des Yvelines, touché entre le 3 et le 15 novembre, estime que parmi les 121 personnes interpellées en flagrant délit, 95 % sont de nationalité française[1]. On apprend encore que 64 % sont d'origine africaine, se répartissant en deux blocs presque égaux, les jeunes ayant des racines nord-africaines (35,5 %) et en Afrique noire (29 %).

Les personnes issues d'une immigration plus récente semblent donc s'être fortement impliquées dans les émeutes, celles qui sont issues de l'Afrique sub-saharienne et du Sahel notamment. Les statistiques de l'Observatoire des zones urbaines sensibles permettent de montrer que les élèves de nationalité étrangère sont sur-représentés en ZUS : ils représentent 12,1 % des effectifs du collège contre 4,2 % en moyenne, soit presque le triple que la moyenne nationale[2]. Les sociologues Hugues Lagrange et Marco Oberti ont rappelé que, d'après l'INSEE, la moitié des familles noires résidant en France étaient localisées en Île-de-France, et ont montré que le pourcentage de fratries très larges sur une commune avait un effet sur sa participation aux émeutes[3]. Plus le nombre

1. Extraits publiés dans *Le Figaro*, 19 mai 2006.
2. Statistiques de l'Observatoire des ZUS (2005), p. 202.
3. Hugues Lagrange et Marco Oberti (2006).

d'enfants est élevé dans une ville, plus cette ville a une propension élevée à s'embraser. Or, les familles du Sahel, récemment arrivées en Île-de-France, ont des enfants en très grand nombre. Leur implantation s'est faite il y a une dizaine d'années, dans les communes comme Gennevilliers, sur la base d'un regroupement dans les mêmes bâtiments et s'est accompagnée d'une prise de contrôle sur une large partie des trafics locaux, selon le commissaire qui était en charge de cette circonscription au moment où cette mutation se produisait[1].

Il ne serait pas surprenant que les profils des participants soient différents en région parisienne, là où la première vague de violences s'est diffusée, et dans les autres régions françaises. Si les données recueillies concernant les émeutes américaines des années 60 et 70 étaient vérifiées chez nous, on devrait s'attendre à ce que le pourcentage de personnes appartenant aux minorités soit très élevé dans les communes qui s'embrasent initialement, et bien plus réduit dans celles qui prennent le train plus tardivement. Ainsi, dans une ville des États-Unis, le pourcentage de Noirs est très fortement corrélé au déclenchement des agitations (et il s'agit même de la variable la plus importante mise au jour par le sociologue Seymour Spilerman dès les années 70[2]). Les premiers résultats dégagés par les travaux des démographes Michèle Tribalat et de Bernard Aubry montrent en effet que la proportion de jeunes d'origine étrangère en Île-de-France est passée de 15,2 à 32,5 % de la classe d'âge des moins de 18 ans entre 1968 et 1999, mais que ce mouvement n'a pas affecté la région Provence-Alpes-Côte d'Azur. En Seine-Saint-Denis, le pourcentage a été multiplié par 2,8 pour atteindre 49,2 %, et à Clichy-sous-Bois 69,4 %. À Mantes-la-Jolie, en 1968 ces jeunes représentent 9 % de la population : leur nombre a été multiplié par 11 tandis les enfants de parents nés en France diminuaient de 42 %. Les populations maghrébine et africaine ont

1. Entretien avec un responsable de la police.
2. Seymour Spilerman (1970).

crû alors que déclinaient celles issues d'Europe du Sud. En France, les jeunes originaires d'Afrique noire étaient 15 000 en 1968, ils sont 280 000 en 1999, concentrés en Île-de-France. Les jeunes d'origine maghrébine représentent en 1999 11,5 % de leur classe d'âge en région Île-de-France et ceux d'Afrique noire 7 %. Aux Mureaux, ils représentent un quart des jeunes en moyenne, certainement plus dans les quartiers défavorisés. La proportion de jeunes d'origine maghrébine est de 34 % à Mantes-la-Jolie.

En Europe, pour les pays concernés, les quartiers les plus défavorisés et accueillant les minorités sont également plus prompts à s'enflammer. En Grande-Bretagne, les troubles de 1981 avaient commencé en avril, à Brixton, un faubourg noir de Londres (le terme « noir » signifie « non blanc » là-bas), sur fond de fronde contre le Premier ministre du moment, la dame de Fer, Margaret Thatcher. Plus récemment, à la fin du mois d'octobre 2005, à Birmingham, des affrontements entre Noirs et Asiatiques se sont soldés par un bilan d'un mort et d'une vingtaine de blessés.

En cas de compétition ethnique, il se peut que la croissance d'une minorité, plus que le pourcentage de personnes résidentes, soit la bonne mesure de la propension à l'émeute. En comparant Lyon, dont une des banlieues, Vaulx-en-Velin, a été le théâtre de nombreuses émeutes, et Baggio dans la périphérie de Milan, qui en est indemne, Paola Rebughini a constaté que la présence des immigrés est plus récente à Baggio et que le « nombre de jeunes issus de l'immigration » y est « très réduit ». Dans les banlieues milanaises, les immigrés représentent « 3 à 4 % de la population, alors que dans la banlieue lyonnaise ils représentent plus de 20 % de la population sans compter les jeunes issus de l'immigration »[1].

En revanche, on observe que, si la croissance des minorités dans une ville est fortement corrélée au déclenchement d'émeutes, elle l'est nettement moins dans la vague qui s'ensuit. Selon l'étude américaine de Spilerman, on constate même une inversion des

1. Paola Rebughini (1999), p. 145.

tendances : dans cette deuxième phase, les communes à faible population noire ont une plus forte propension à l'émeute. Il est trop tôt pour en avoir la confirmation en France, mais l'évolution des violences laisse penser qu'une répartition similaire est probable : elles ont fini par toucher des zones en dehors des ZUS d'Île-de-France et affecté des villes moyennes, y compris en Vendée ou en Bretagne, comme Vannes ou Brest.

Il est donc clair que le nombre et le taux de personnes appartenant aux minorités sont liés aux comportements émeutiers. Mais pourquoi ?

J'avancerai une première explication. La propension à l'émeute correspond à un rapport de forces. Dans ces quartiers, les minorités sont en situation de supériorité numérique. Les jeunes rioteux savent que, si la confrontation enfle, elle peut tourner au désavantage de la police ou du moins causer de grands troubles. Quand la minorité au plan national devient une majorité dans l'espace d'un quartier, le rapport de pouvoir tend à s'inverser.

Contrôles d'identité, provocations en boucles

La deuxième explication est à chercher dans les relations quotidiennes entre police et minorités. Ces relations entre la police et les jeunes de banlieue sont difficiles, et ce de manière endémique ; elles oscillent entre la distance et l'agression. Policiers, sociologues, élus, s'accordent généralement sur ce point, ce qui n'est pas le cas sur bien d'autres.

Une récente étude dirigée par Sylvain Brouard et Vincent Tiberj réalisée en juin 2006 sur un échantillon des résidants des zones urbaines sensibles a permis de mettre des chiffres sur un malaise : les personnes d'origine étrangère y sont deux fois plus souvent contrôlées par la police. Sur une période d'un an, 16 % des personnes d'origine française ont vu leur identité vérifiée contre 30 % pour celles d'origine africaine et 33 % d'origine maghrébine. De plus, le nombre de contrôles est de 3,6 en moyenne par personne d'origine française et de plus du double pour ceux d'origine étrangère. On comprend mieux que 12 % des répondants d'origine française seulement ont le sentiment de ne pas être traités avec respect par la police contre 25 %, soit plus du double pour ceux qui ont une origine étrangère. Voilà un exemple contemporain des « rencontres hostiles » que la commission Kerner avait pointées en 1968 comme préparatoires aux émeutes américaines et dont le sociologue Snyder avait mesuré l'importance.

À quoi ressemble le quotidien ? De quel type de faits est-il composé ? Quelques exemples parleront mieux qu'un long discours.

Écoutons cet agent de la BAC de Saint-Denis : « Quand un fait délictueux est signalé, toutes les bandes qui traînent dans le coin sont suspectes donc contrôlées. Si je les croise, je les contrôle, je les fouille, sans savoir si mes collègues l'ont déjà fait. Les jeunes se plaignent, mais ils l'ont bien cherché : que font-ils dans la rue de 14 heures à 3 heures du mat ? On cherche les voleurs. Alors c'est sûr, on attrape d'abord et on voit après[1]. »

À Reims, le tribunal correctionnel poursuit une nouvelle fois un jeune majeur pour outrages à agents de police et rébellion[2]. Son casier judiciaire porte déjà mention de huit condamnations pour des vols, des dégradations et des violences. Il vient de sortir de prison, il y a un mois. En début de soirée, le jeune homme, en compagnie de trois de ses amis, consomme à la terrasse d'un bar. Au passage de deux policiers, il lance : « Tu ne me contrôles pas aujourd'hui ? » Les gardiens de la paix s'arrêtent, contrôlent le jeune homme, font une palpation (fouille superficielle). La tension monte, et le jeune homme commence à insulter les fonctionnaires de police, prend la fuite avant d'être plaqué au sol par un des policiers. Le quotidien est émaillé de ce genre d'interactions, de défis, moqueries, insultes qui débouchent sur des rapports de force phy-

1. *Le Nouvel Observateur*, n° 2141, 17 novembre 2005.
2. *L'Union de Reims*, 7 avril 2006.

105

sique, des échanges de coups qui, à leur tour, laissent des traces dans la mémoire des protagonistes et, au-delà, des copains et des collègues.

Les rencontres entre les deux parties se font soit pour un dépôt de plainte, soit au cours d'une patrouille, soit d'une intervention. Les sociologues Marc Loriol, Valérie Boussard et Sandrine Caroly rapportent des tranches de vie. Une bagarre au centre commercial près de la gare est signalée par un appel. L'équipage bondit et arrive en même temps que d'autres policiers. «Mais il n'y a pas de bagarre à l'endroit indiqué, seulement quatre jeunes (trois Marocains et un Sénégalais) assis par terre et qui boivent de la bière. Les policiers leur font mettre les mains au mur, contrôlent les identités, les fouillent (constatent qu'ils n'ont pas d'armes), vident les bouteilles de bière au sol. Il y a au moins 12 policiers (BAC, police secours, CRS) pour 4 jeunes.»

Pour certains sociologues, les jeunes adoptent le plus grand cynisme vis-à-vis de la police et des institutions «en raison de la discrimination, de la stigmatisation et de la ségrégation dont ils sont constamment l'objet, notamment de la part de la police[1]». Pour appuyer ce jugement, Éric Marlière, un sociologue qui a passé beaucoup de temps à observer la vie dans un quartier de la banlieue rouge de Paris, raconte des séquences de ce qu'il a vu. Ainsi un groupe de policiers arrive dans un hall d'immeuble pour s'occuper d'un chien vagabond qu'entoure un groupe d'adolescents, un des fonctionnaires sort son arme, une bousculade s'ensuit, les garçons prennent la fuite. Les jours suivants, les policiers tournent dans le quartier pour identifier les jeunes.

Une autre fois, la brigade canine s'intéresse à de petits trafiquants de cannabis qui se débarrassent de la marchandise avant de mentir sur leurs activités et leur identité. Un extrait des paroles prononcées lors du contrôle donne une idée des rapports. Avant le contrôle, un des revendeurs dit: «Je crois qu'ils vont venir nous casser les

---

1. Éric Marlière (2006), p. 92.

couilles, ces fils de putes.» Pendant l'opération, un policier lance :
«Toi, tu fermes ta gueule, on te fouillera quand on te le dira, t'as
compris ?» Les agents croient reconnaître en lui, à juste titre, celui
qui a lancé des pierres sur la police lors d'un précédent contrôle.

Marlière cite encore cet exemple : la BAC approche au volant
d'une 106 blanche banalisée, un policier baisse la vitre et lance à un
groupe de personnes d'une trentaine d'années : «Alors les petits pédés,
ça va ?», avant d'accélérer et de partir en direction du commissariat.

La méfiance est mutuelle. Certaines pratiques sont incomprises
par ceux qui en sont l'objet : le contrôle d'identité réalisé par des
policiers qui connaissent parfaitement la personne qu'ils contrôlent, le recours à des agents très nombreux pour une opération qui
paraît bénigne, les renforts donnant l'impression d'être sur-dimen-
sionnés, et engendrant à leur tour un afflux d'adolescents, escalade
qui dégénère en caillassages et tirs de gaz lacrymogène (les uns
précèdent les autres ou inversement). De même, les opérations
«coups de poing» au cours desquelles un quartier est bouclé et
pour lesquelles plusieurs dizaines, voire plus d'une centaine, de
policiers interviennent laissent un goût amer aux habitants. Le fait
que les contrôles passent par des placages au sol, comme si on ne
faisait pas de différence entre la poursuite et la neutralisation des
terroristes et des petits délinquants pose également problème.

Ces situations, dont la question n'est pas de savoir à quel point
elles sont justifiées ou non, sont d'autant plus mal vécues que la
population de ces quartiers défavorisés se sent abandonnée. La
police, trop peu nombreuse dans les banlieues par rapport à la capitale, intervient au coup par coup, elle n'est pas là en continu. Quand
elle tente d'être présente, mais avec des moyens insuffisants, elle
est tenue en marge de la vie du quartier. Devant la mission d'information du Sénat sur le malaise dans les banlieues, un commissaire
donne l'exemple d'un poste de police de banlieue qui a enregistré
une seule plainte pendant les six mois qui ont suivi sa prise de poste.

Marc Loriol et ses collègues résument leurs observations, après
avoir écarté le stéréotype du policer raciste, notamment sur la base

du score (5,5 %) du syndicat proche de l'extrême droite aux élections professionnelles : «Plusieurs éléments contribuent à construire un mur d'incompréhension entre les policiers et les jeunes ou les immigrés : l'attitude effectivement raciste d'une minorité de policiers, l'utilisation par certains délinquants de l'accusation de racisme qui leur permet de se dédouaner de leurs actes et surtout les modes d'action des patrouilles de police. Quand celles-ci interviennent, surtout dans les quartiers dits difficiles, leurs interventions sont brèves, par manque de temps disponible, musclées[1].»

Par ailleurs, dans les cas avérés de violence policière, la justice semble avoir du mal à assurer son rôle. Yazid Kherfi, un travailleur social qui a une solide connaissance des trajectoires délinquantes, a raconté la difficulté à maîtriser la colère des jeunes face à des violences policières et à convaincre les victimes d'avoir recours aux voies légales[2]. Porter plainte contre la police plutôt que caillasser les patrouilles suppose une énorme détermination. Dans le cas qu'il raconte, il aura fallu dix ans pour arriver au bout de la procédure et obtenir un jugement définitif à l'encontre d'un policier – qui sera acquitté. À la sortie du tribunal, les agents «nous avaient nargués en faisant le V de la victoire». Le crédit de ceux qui avaient tenu le discours de l'apaisement et de la confiance dans la police et la justice est balayé[3]. Dans ce contexte, les mécanismes de dérivation de la colère ne fonctionnent plus.

On comprend mieux, à l'aide de ces exemples, que la police n'a pas nécessairement une action pacifiante. La plupart des interventions citées plus haut – sauf dans le cas de l'injure gratuite lancée par un membre de la BAC – répondent à une logique : un appel des

---

1. Marc Loriol, Valérie Boussard et Sandrine Caroly, «La police et les jeunes des banlieues», 31 janvier 2006, http ://www.liens-socio.org/article.php3 ?id_ article= 1122
2. Yazid Kherfi (2006).
3. *Id.*, p. 89.

voisins signalant un chien errant, la recherche d'un auteur impliqué dans un caillassage, une prise à partie à laquelle il semble falloir répondre. Mais les conséquences de l'intervention sur les jeunes mineurs ou majeurs impliqués sont loin de régler l'antagonisme. La haine parfois, la volonté de prendre sa revanche, ne s'éteignent pas avec le procès pénal. Une fracture oppose la police et ces jeunes, principalement issus des minorités. Sur ce point encore, les analyses des RG ou des sociologues convergent. Christian Bachman et Nicole Leguennec, dans leur analyse du contexte de l'émeute de Melun, expliquent : « Une mêlée souterraine, une petite guerre larvée, une mini-guérilla sans fin s'était engagée entre les jeunes des quartiers nord et la police[1]. » La commissaire en charge de la cellule « violences urbaines » à la même époque synthétise : « Les violences urbaines ne se produisent pas *ex nihilo*. Elles plongent leurs racines dans une délinquance juvénile qui obéit à une gradation invariable, du vandalisme à l'émeute[2]. »

Un travail d'examen des vingt-quatre plus importants épisodes de violences urbaines entre 1990 et 1995, réalisé par Angelina Peralva, montre l'importance des relations entre la justice, les polices et les minorités dans leur déclenchement[3]. La sociologue compte le nombre de décès de jeunes dans la séquence initiale qui mène aux troubles urbains : sur 24 épisodes, 7 sont liés à des contrôles d'identité par la police nationale, des courses poursuites pour y échapper, qui se sont terminées en accidents mortels ; 2 sont liés à des décès causés par des tirs de policiers nationaux lors de circonstances comparables ; 5 sont liés à des décès provoqués par des agents privés (notamment d'hypermarchés). À ces 14 cas, on doit ajouter 1 cas lié au suicide d'un jeune majeur en milieu carcéral, et 2 liés à un jugement perçu comme inique : non-lieu, peine symbolique contre le principal suspect d'un crime commis contre un jeune de banlieue. Au total, dans 17 événements sur 24,

---

1. Christian Bachman et Nicole Leguennec (1997), p. 25.
2. Interview de Lucienne Bui-Trong, *Le Figaro*, 1er février 2002.
3. Angelina Peralva (1997).

les troubles urbains prennent appui sur la mauvaise relation au système pénal.

À mon sens, l'intervention d'un agent de police ne peut, à elle seule, constituer le point de départ d'une émeute. Elle n'est qu'un épisode aigu dans une confrontation permanente entre certains groupes de jeunes gens et les policiers. L'escalade de la violence dans ces quartiers oppose prioritairement les groupes ancrés dans la délinquance aux policiers. De part et d'autre, les insultes fusent, des coups sont échangés, parfois plus, les intimidations viriles font partie de la routine. Les rapports sont particulièrement mauvais avec les jeunes d'origine étrangère. Michèle Tribalat, dans une étude sur la ville de Dreux, avait suggéré que les jeunes issus de l'immigration maghrébine voyaient la police comme une bande rivale, comme une force raciste[1].

Cette hostilité a différentes sources: la manière dont se déroulent les rencontres en face à face, le rapport des jeunes à l'autorité, l'âge des policiers, le défaut de civilité, le mode d'organisation de la police elle-même – la dotation en effectifs, le cloisonnement entre services (qui favorise la répétition non coordonnée des contrôles), la sédentarisation ou non des forces, l'utilisation des contrôles d'identité comme moyen de pression. Une partie des mauvaises relations concerne la population délinquante, mais le phénomène dépasse cette population.

3. Les minorités délinquantes, les riotteurs

La question des minorités et la question des banlieues se recouvrent partiellement, les premières résidant souvent dans les secondes. Les rapports entre la police, très largement blanche en France, et les minorités, bien souvent de couleur, sont médiocres. Il

1. Michèle Tribalat (1999).

est vrai que la sur-délinquance des jeunes d'origine étrangère ne fait rien pour arranger la situation.

Le diagnostic est maintenant fait publiquement, ou presque, par les renseignements généraux. Ils ont établi un profil des meneurs émeutiers, à partir de l'étude des profils de 436 d'entre eux, recensés dans 24 quartiers sensibles : 87 % ont la nationalité française · 67 % sont d'origine maghrébine et 17 % d'origine africaine. Les Français d'origine non immigrée représentent seulement 9 % des meneurs, selon un rapport des RG[1].

On a longtemps soupçonné les chiffres policiers d'être le reflet d'un biais policier. Pour ne pas prêter le flanc à ces critiques, nous avons eu recours à des enquêtes de délinquance auto-déclarée. Ces dernières sont menées auprès de personnes recrutées à partir de leur établissement scolaire ; elles répondent de manière anonyme et libre.

Nous avons cherché à savoir si ces déclarations confirmaient la sur-représentation des jeunes d'origine étrangère dans les comportements de violences urbaines pour les années antérieures, 1999 et 2003. 44 % des jeunes de 13 à 19 ans auteurs de caillassage *ou* d'incendie sont d'origine française par leurs deux parents, 38 % d'origine africaine (principalement maghrébine) et 18 % d'une autre origine. Si l'on observe les adolescents qui ont été impliqués *dans les deux types de délits*, les pourcentages sont 31 %, 52 % et 17 %. Par comparaison, les poids respectifs dans la population de ces catégories sont de 61 %, 24 % et 15 %. La sur-représentation des jeunes d'origine africaine est saisissante : ils pèsent deux fois leur poids démographique en tant qu'auteurs des deux types d'infractions qui qualifient les violences urbaines. Les résultats, s'ils étaient réalisés en région parisienne, seraient probablement plus marqués encore, étant donné l'importance de la population d'Afrique noire.

On pourrait penser que cette sur-représentation est due au fait que les jeunes d'origine étrangère sont plus souvent des enfants

---

1. *Le Monde*, 24 février 2006.

appartenant à des familles défavorisées. Il est possible de vérifier cette hypothèse. Nous considérerons d'un côté les enfants d'ouvriers ou d'employés, de l'autre ceux des cadres et cadres moyens. Parmi les enfants d'ouvriers et d'employés d'origine française, 6,7 % ont commis des actes de violence urbaine. Parmi ceux d'origine africaine, ils sont 15,2 %, et parmi les autres 12,5 %. Les jeunes d'origine étrangère en général sont, à milieu social égal, deux fois plus souvent impliqués dans les violences urbaines.

Si l'on considère les enfants de cadres, ceux d'origine française déclarent avoir commis ces délits pour 5,3 % d'entre eux. Ils sont 10,1 % pour les jeunes d'origine africaine et 7 % pour ceux qui sont d'une autre origine. La différence se maintient entre les enfants d'origines française et africaine, se tasse un peu pour les autres qui sont principalement d'origine européenne. L'origine ethnique affecte donc le comportement délinquant des jeunes, les jeunes d'origine africaine, maghrébine principalement, étant plus impliqués que les autres dans les violences urbaines. Ces résultats sont d'autant plus fiables qu'ils concernent une population encore scolarisée, et non les délinquants les plus durs, souvent déscolarisés, ou placés en foyer ou en centre spécialisé. Les chiffres des RG laissent penser que leur carrière délinquante est plus longue, plus profitable et plus organisée.

Comment cette sur-représentation agit-elle sur les rapports entre minorités et police ? On remarque que les plus délinquants sont ceux qui ont la plus mauvaise opinion de la police et des autres autorités. Et aussi ceux qui s'engagent dans les violences urbaines. Par exemple, 31,5 % des 13-19 ans qui sont tout à fait d'accord avec la proposition suivant laquelle « la police est violente avec les jeunes » ont commis des actes de violence urbaine contre 3,5 % de ceux qui ne le pensent « pas du tout »[1]. Les jeunes d'origine maghrébine trouvent qu'incendier « peut se justifier à certains moments » pour 42,5 % d'entre eux, contre 28 % des jeunes d'origine française

---

1. Enquête de délinquance auto-déclarée, 1999 et 2003.

et 30 % chez ceux dont les racines sont européennes[1]. Cet écart trouvé au sein des enfants d'ouvriers et d'employés est identique chez ceux de la moitié supérieure de l'échelle sociale (43 % contre 26,5 % et 25 %). La tension est maximale pour les adolescents issus d'Afrique. Il est donc logique que les minorités, plus délinquantes, aient une perception dégradée des forces de l'ordre, tout comme on doit attendre que ces dernières aient un préjugé défavorable en direction des jeunes étrangers ou d'origine étrangère. Cependant, les choses ne sont pas si simples. Les contacts hostiles entre police et minorités ne se limitent pas aux auteurs de délits.

Dans nos recherches, il est possible de regarder si les jeunes appartenant aux minorités ont une mauvaise image de la police lorsqu'ils commettent des délits graves mais aussi lorsqu'ils n'en commettent pas. Ainsi, j'ai pu montrer que même les filles et garçons d'origine étrangère, et particulièrement maghrébine, qui n'avaient jamais commis de délit percevaient la police comme plus souvent violente, moins souvent protectrice, plus facilement raciste[2].

Autrement dit, les mauvaises relations entre police et minorités ne s'expliquent pas uniquement par le fait de la sur-délinquance des jeunes d'origine étrangère. Elles s'appuient aussi sur un certain usage de la police dans les banlieues défavorisées. Si on se contente de pratiquer des formes de police offensives, des contrôles multiples, des interventions musclées en direction des adolescents des minorités, sans autre forme d'échange, il n'y a aucune chance pour que les relations entre les parties s'améliorent, quand bien même les actions de police ne seraient pas volontairement discriminatoires.

On évoque souvent l'enclavement physique que subissent certains grands ensembles, certains quartiers défavorisés. Le socio-

---

1. Ces chiffres sont issus de l'enquête de 1999. En 2003 les valeurs sont de 36,5 % contre 22,5 % et 25,4 %, soit des écarts comparables au sein des enfants d'ouvriers et d'employés. En moyenne, pour les deux enquêtes cumulées, en milieu ouvrier ou employé, les jeunes d'origine française sont 26 % à dire que les incendies peuvent parfois se justifier, 40,5 % s'ils ont des racines africaines et 28 % européennes.
2. Sebastian Roché (2001).

logue Michel Kokoref, dans une monographie sur la ville d'Asnières, a comparé un espace pavillonnaire et résidentiel en bord de Seine et un espace de grands ensembles et de cités[1]. Il souligne dans ce dernier l'importance des infrastructures en matière de voirie, de transports (Colombes SNCF, Gabriel-Péri RATP, 8 lignes de bus), ainsi que de distribution des équipements de service (lycée, collèges, piscine, patinoire, MJC, les quartiers nord comptant la moitié des installations sportives et deux des cinq crèches de la ville). Le quartier n'est pas structurellement enclavé. En revanche, il l'est culturellement. La cité est vécue comme un « microcosme ». La politique de construction d'équipements socioculturels a touché ses limites. Si la police n'ambitionne pas et n'arrive pas à y prendre pied en luttant contre les violences ou l'économie souterraine, mais aussi en reconstituant sa crédibilité auprès de la population, et particulièrement les jeunes issus des minorités, il y a peu de chances qu'on réussisse à détourner une des sources de mobilisation des émeutes.

4. Rompre le cercle « *driving while black* »

J'évoquais plus haut les « biais policiers », le fait que certains chiffres sur la délinquance seraient faussés du fait qu'ils proviennent de la police. Ce sujet est très mal documenté en France, car il est vécu comme une attaque contre l'intégrité des corps professionnels. Pourtant, il mérite d'être pris en considération, en particulier lorsqu'on évoque les relations entre minorités et police.

Je vais prendre deux exemples d'études américaines qui ont cherché à savoir si la manière dont la police fonctionnait était défavorable aux minorités et produisait une délinquance apparemment plus élevée alors qu'il n'en était rien en réalité. On a donc examiné

1. Michel Kokoref (1993).

les lieux où étaient effectués les contrôles de police et le profil des personnes qui y étaient soumises. En effet, plus on contrôle de Noirs, plus on a de chances de trouver un auteur d'infraction noir. John Lamberth a fait, en 1993, une étude sur une partie du réseau autoroutier dans le New Jersey, un échangeur[1]. Son équipe a constaté que 73 % des conducteurs de véhicules arrêtés étaient noirs. Pourtant les Africains-Américains étaient 15 % à commettre un excès de vitesse contre 13,5 % dans l'ensemble de la population d'usagers de la route. Les mêmes résultats furent trouvés entre Washington et Baltimore en 1997. Richard Lundman a répété cette étude dans le Maryland, où 78 % des automobilistes sont blancs[2]. Après deux ans et demi d'enregistrement, il a constaté que 77 % des automobilistes arrêtés pour un contrôle appartenaient aux minorités. De nouveau, les taux d'infractions au code de la route étaient similaires entre les deux populations. La police, après avoir arrêté un véhicule, soumettait plus souvent le conducteur à une fouille s'il était noir (et encore plus s'il n'était pas accompagné d'une femme). Dans ces conditions les taux de délinquants sont effectivement liés aux choix faits par les policiers.

Cette manière de pratiquer les contrôles de police est une forme de discrimination si courante qu'une expression a été forgée pour qualifier le fait de «conduire en étant noir». Il s'agit d'un jeu de mots. Lorsqu'on conduit sous l'emprise des stupéfiants, on dit *driving under the influence*, avec les initiales DUI. Les Africains-Américains parlent de *driving while black* pour qualifier le risque qu'ils prennent au volant, simplement en n'ayant pas la «bonne» couleur de peau.

Il est indispensable que des études comparables soient conduites dans notre pays. Le fait qu'une sur-délinquance des jeunes d'origine étrangère existe n'exclut pas que la police procède de façon biaisée. Déjà il apparaît que les personnes d'origine étrangère se disent plus

---

1. John Lamberth (1998).
2. «The Latest on DWB», *Washington Post*, http://www.washingtonpost.com/ac2/wp-dyn?pagename=article&node=&contentId=A10775-2003Feb14&notFound=true

souvent soumises à des contrôles d'identité en France. Nous devons savoir précisément ce qu'il en est et réfléchir aux moyens de limiter les tensions qui découleraient de telles attitudes.

Peut-on faire monter la question des banlieues et des minorités en haut de l'agenda politique, y compris pour réfléchir à la manière dont on fait usage de la police dans ces quartiers ? Une démocratie n'a pas à rougir de déplier, dans toute sa surface, le drap des discriminations policières et de ne pas se contenter de sanctionner les comportements individuels. Personnellement je doute que les réaménagements architecturaux, les ravalages de façade et les parterres fleuris aient un effet radical sur l'hostilité et le désir d'en découdre de certains jeunes. Sans une refonte des relations de ces mêmes jeunes aux institutions publiques, la situation n'évoluera pas positivement.

La police ne doit pas se contenter d'interpeller. Elle doit faire l'objet d'une stratégie globale, et être dotée des moyens de la réaliser. C'est d'ailleurs une question d'équilibre et de répartition plus que de moyens absolus : les inégalités de couverture territoriale en commissariats sont loin d'être réglées. Il est urgent de s'orienter vers plus de décentralisation, plus d'ancrage dans les territoires.

Et enfin il est temps de réformer les modes d'affectation des agents, notamment des plus jeunes fonctionnaires : ceux-ci ont besoin d'être épaulés par des collègues plus expérimentés, qui puissent leur transmettre à la fois les gestes professionnels et la connaissance du public et des territoires. Aujourd'hui, on se trouve dans la situation absurde où sont essentiellement affectés dans les quartiers difficiles de jeunes fonctionnaires sans expérience. Comme dans cette brigade où le plus âgé avait 25 ans et deux ans d'ancienneté : « C'est "l'ancien" », plaisantaient ses collègues.

Le fait d'ouvrir la police nationale et la gendarmerie aux jeunes d'origine étrangère est une idée à envisager. De nombreuses démocraties ont expérimenté cette voie. Mais le processus est lent, y compris dans les pays qui reconnaissent l'existence des communautés. À Manchester, les policiers noirs ou asiatiques ne représentent que 3,2 % des personnels. Au Québec, les résultats sont plus encourageants, avec près de 12 % de représentation des minorités. À Los Angeles, mise sous pression en 1992, on compte maintenant 12,7 % de Noirs et surtout 36,8 % d'Hispaniques [1]. La police est en avance sur les autres services publics en France, grâce aux écoles qui permettent les remises à niveau des jeunes défavorisés pour passer les concours de la fonction publique, surtout pour le concours de gardien de la paix, mais aussi pour les officiers et commissaires. Mais, sans outil pour suivre la progression de la place des minorités, la police se rend aveugle à ses éventuels progrès. De plus, il ne faut pas croire naïvement que de tels recrutements règlent tous les problèmes. Marc Loriol, Valérie Boussard et Sandrine Caroly expliquaient en effet que « s'il y a encore peu de policiers "beurs", les policiers d'origine antillaise sont un peu plus nombreux et bien acceptés par leurs collègues. Ils sont par contre souvent les premiers à recevoir les remarques racistes de la population ("Sale nègre" a ainsi été entendu plusieurs fois en observation) ou l'agressivité des jeunes ("Traître à ta race" ; "Qu'est-ce que tu fais dans la police ?"...) [2] ». Les études américaines montrent par ailleurs que la composition raciale des polices n'a pas d'effet sur les comportements lors des arrestations, ou même sur les homicides commis par les agents [3]. En effet, quelle que soit la couleur de peau des policiers, les habitants voient en eux une force contraignante. Et les policiers de toute couleur se comportent d'abord suivant les codes en vigueur dans leur profession.

Pour rompre le cercle « *driving while black* » et pour changer les relations avec les minorités, c'est donc bien d'une nouvelle stratégie globale de police dont nous avons besoin, stratégie qui penserait aussi bien la formation des agents, le recrutement, la définition des missions que les moyens pour les atteindre.

1. Article du *Los Angeles Times*, « The changing face of LAPD », 17 avril 2006.
2. Marc Loriol, Valérie Boussard et Sandrine Caroly (2006).
3. Brad W. Smith (2003), p. 153.

Le goût de la violence.
Profils et motivations des rioteux

Au moment même des événements, on a souvent commenté les motivations des riotteurs sur un mode binaire : les émeutiers étaient des délinquants « d'habitude », leur participation aux émeutes étant le prolongement de leur activité quotidienne, ou alors les émeutiers étaient motivés par des raisons politiques et par conséquent n'étaient habituellement pas des délinquants. Comme souvent, on distingue plus d'*a priori* dans ce genre de réflexion que de connaissance du sujet. Il conviendrait d'expliquer en quoi le fait que les émeutiers aient commis des délits explique qu'ils participent aux émeutes. En quoi les actes d'agitation urbaine se distinguent du reste des délits. S'il n'existe pas chez les riotteurs un goût pour la violence. Encore une fois, emparons-nous des faits : qui sont les émeutiers ? Quelles sont leurs motivations ?

1. Les auteurs de violences urbaines

Profil de la prédisposition aux émeutes

Je ne vous surprendrai pas en vous disant qu'il n'existe à ce jour aucune étude détaillée sur les participants aux émeutes de 2005 autre que les profils un peu schématiques mais instructifs réalisés par les RG ou la sécurité publique. Faute de disposer d'une radiographie de cette population, nous avons à notre disposition des études de délinquance auto-déclarée réalisées dans deux agglomérations françaises, Grenoble et Saint-Étienne, et que nous avons déjà mobilisées. Ces travaux, qui datent de 1999 et 2003, portent sur plusieurs milliers d'adolescents (2 300 et 1 600, soit 3 900). Ils ont été complétés par une étude portant sur les jeunes placés en foyer par la protection judiciaire de la jeunesse en Isère pour avoir commis des délits fin 2004 et début 2005.

Nous avons déjà évoqué ces études de délinquance auto-déclarée. Des adolescents de 13 à 19 ans déclarent dans l'anonymat les délits qu'ils ont commis. Il s'agit d'entretiens très détaillés et très longs (plus d'une heure et demie pour les plus actifs), qui passent en revue la nature des délits, les lieux, les personnes présentes lors des faits, la fréquence à laquelle ils ont été commis, les conséquences qu'ils ont eues. On les interroge également sur leurs perceptions de la police, leur psychologie, leur degré de politisation ainsi que de nombreux autres aspects. J'ai rapporté ces résultats dans *La Délinquance des jeunes* en 2001 pour la première étude, ainsi que tous les aspects importants relatifs à la méthode utilisée et à ses limites [1]. Ces travaux permettent d'isoler les données concernant les jeunes qui ont commis des actes d'incendies et de jets de projectiles.

Constatons d'abord que les délits commis sont bien plus souvent des jets de projectiles que des incendies (de voitures ou de bâtiments). Nous rassemblons ces deux types de comportements dans un indice qui en fait la somme. Les comportements sont mesurés sur l'ensemble de la vie ou au cours des deux dernières années.

Au cours de leur vie, les 13-19 ans déclarent, pour 91,9 % d'entre eux, n'avoir jamais commis ces délits [2]. 7,3 % d'entre eux déclarent avoir commis l'un d'eux (5,8 % ont exclusivement lancé

---

1. Sebastian Roché (2001).
2. La base du calcul est formée des enquêtes de 1999 et de 2003, qui ont été fusionnées.

des projectiles, 1,5 % mis le feu), et 0,8 % les deux. Les jeunes impliqués dans ces actes sont donc une infime fraction d'une classe d'âge. Presque tous les actes déclarés le sont sur les deux dernières années : sur cette période de référence, les proportions sont de 93,6 % n'ayant commis aucun de ces délits, 5,8 un seul et 0,6 % les deux. Ces chiffres ne diffèrent pas beaucoup des premiers, montrant donc que chacun de ces jeunes gens n'a eu qu'un seul type de comportement. 3 % des jeunes déclarent avoir commis de tels actes au cours des trois derniers mois, ce qui laisse penser qu'ils tendent à en oublier une partie lorsqu'on leur demande de s'en souvenir sur deux ans. Ces valeurs seraient très certainement changées après les émeutes de 2005, mais nous ne pouvons pas dire dans quelle mesure.

Regardons maintenant en détail les 7,3 % de jeunes ayant commis au moins un délit au cours de leur vie : 44 % d'entre eux (soit 2,6 % des adolescents) ont commis 1 seul délit au cours de leur vie, et 36 % d'entre eux (soit un petit bloc de 2,1 %) revendiquent de 2 à 5 délits. Les 20 % restants (soit 1,2 % des jeunes de cette tranche d'âge) ont commis 6 délits ou plus. En établissant la distinction entre « 1 ou 2 délits » et « plus de 2 délits », on peut dire que 3,2 % de la classe d'âge, et 55 % des auteurs l'ont fait une ou deux fois, et 2,6 % (soit 45 % des auteurs) plus souvent. En résumé, environ la moitié des auteurs sont des réitérants confirmés (3 actes ou plus) et un cinquième sont familiers de ces comportements.

Les caractéristiques des auteurs de ces délits ressemblent à celles des petits délinquants classiques. Les garçons sont la grande majorité. Les filles n'ont jamais commis les deux types d'actes, signe de plus faible ancrage dans ce genre de délinquance. 3,2 % des filles ont commis un de ces actes, et 12,9 % des garçons (dont 1,5 % des deux types).

5,3 % des adolescents dont les parents vivent dans une maison dont ils sont propriétaires ont déjà eu des comportements de violence urbaine, 7,9 % lorsqu'ils vivent en appartement et 13,1 %

s'ils résident en HLM. Les enfants de locataires HLM en centre-ville sont 10,1 % à être impliqués contre 14,5 % en périphérie. Les jeunes vivant en HLM sont trois fois plus souvent impliqués dans les deux types de délits (1,8 % contre 0,6 %).

Les enfants qui vivent dans les grands ensembles en périphérie des villes ou dans des voisinages très dégradés, marqués par les incivilités (souillures, tags, petites dégradations), sont également plus souvent impliqués. Lorsque l'environnement du logement est peu dégradé, 4,2 % des adolescents ont caillassé ou incendié, mais, s'il est très détérioré, ils sont 16,2 %, soit quatre fois plus nombreux. On retrouve un élément connu des sociologues, une influence du milieu physique de vie qui envoie des «messages» à ceux qui le traversent : ici, les règles sociales ne s'appliquent pas aussi bien qu'ailleurs. Cette dimension ne se confond pas avec le fait de résider en HLM hors du centre-ville, en banlieue. Elle peut venir s'y ajouter, différenciant les cités suivant la qualité de vie à l'intérieur des sous-quartiers, ce que nous avons appelé des voisinages.

Le statut ainsi que le mode de vie des parents a toujours une influence sur les enfants. Les adolescents élevés dans une famille monoparentale sont 10,9 % à déclarer des violences urbaines, 8,2 % s'il s'agit d'une famille recomposée, c'est-à-dire avec deux adultes dont un seul est un parent biologique, et enfin 7,6 % s'il s'agit d'une famille avec les deux parents biologiques. Les familles monoparentales accusent donc une fragilité particulière. Le nombre de frères et sœurs est également un facteur significatif. Parmi les enfants qui n'ont ni frère ni sœur, 5,9 % se sont livrés à de telles infractions. Lorsqu'il y a cinq enfants ou plus au foyer, le taux atteint 12,6 %. Les grandes fratries, *a fortiori* dans des logements étroits, facilitent l'entraînement vers la vie de rue et son cortège d'actes destructifs et agressifs.

La précarité économique des parents a également des liens avec les destructions et jets de projectiles commis par les enfants, comme cela a été souvent souligné. De même, le statut socio-économique affecte les délits : les enfants de cadres sont 6,4 % à s'y être livrés, contre 10,4 % de ceux d'ouvriers ou d'employés. Lorsque les parents disposent chacun d'un emploi, 6,4 % des enfants ont commis ces délits au cours de leur vie. À l'autre extrémité, s'ils ont pour vivre au mieux un mi-temps (pour un ou deux actifs dans le couple), la valeur atteint 10,9 %.

Les jeunes ayant commis des actes de violence urbaine ont des parents moins attentifs et vigilants. Nous avons demandé aux enfants si leurs parents leur demandaient, avant de les laisser sortir seuls, où ils allaient, avec qui ils y allaient et leur fixaient une heure de retour. Il ne s'agit donc pas d'un emprisonnement parental, mais d'un exercice bien banal de veille parentale. Les enfants qui font l'objet d'une forte supervision sont 3,9 % à avoir commis ces délits au cours de leur vie, et 18,7 % si elle se révèle faible, soit presque cinq fois plus souvent.

Le rapport à l'école organise également la réalisation des délits. Ceux qui consacrent plus d'une heure par jour à leurs devoirs, ce qui représente un signe d'attachement fort à l'école, sont 3,4 % à avoir commis des violences urbaines (dont 0,3 % des deux types), tandis que ceux qui y consacrent moins de 15 minutes sont 19,5 % (dont 2,4 % des deux types). Le redoublement est un autre indicateur possible : ceux qui n'ont jamais redoublé sont 5,8 % à avoir caillassé ou incendié, 9,9 % s'ils ont redoublé deux fois. Le fait d'être sanctionné souvent est encore un prédicteur plus fort des comportements de violence urbaine : 1,9 % des enfants qui n'ont jamais été punis par une exclusion (ne serait-ce que de la classe) ont été auteurs de violences urbaines ; ils sont 25,7 % parmi les élèves qui sont le plus fréquemment punis, soit treize fois plus. Pour des adolescents qui valorisent la force physique, la mise à l'épreuve par l'affrontement de rue, la réussite scolaire est un indice de soumission[1].

1. Gérard Mauger et Kamel Ikachamene (2004), p. 11.

Il n'est pas nécessaire d'empiler plus longuement les éléments déjà connus qui prédisposent à la délinquance sérieuse d'une manière générale : ils s'appliquent également aux violences urbaines. On retrouve une désorganisation de la famille, un statut socio-économique dégradé, une résidence dans un quartier dégradé, un effet du sexe, une influence très forte du rapport à l'école et à l'autorité dans l'école. Dit avec les mots des émeutiers, cela donne : «*On est prêts à tout sacrifier puisqu'on n'a rien*», «*Dans la bande, on est tous au chômage, en fin de droits*», l'un a arrêté sa scolarité à 16 ans après avoir échoué au BEP d'électrotechnique et depuis n'a connu que des petits boulots de manutentionnaire, à charger des palettes[1].

Les violences urbaines et les autres délits : agressions, trafics

À partir de l'enquête menée dans le département de l'Isère sur les jeunes placés par un juge pour enfants dans un centre ou un foyer, on observe que 78,8 % d'entre eux reconnaissent avoir déjà commis des actes assimilés aux violences urbaines ! Dire que ces comportements sont banalisés chez les délinquants multi-récidivistes relève donc de l'euphémisme. 21,2 % d'entre eux n'ont jamais eu ces comportements, 36,5 % ont commis des caillassages, et 7,7 % des incendies. Mais surtout, grande différence avec notre échantillon encore scolarisé : 34,6 % d'entre eux ont à la fois jeté des projectiles et provoqué des incendies.

Ces jeunes ont commis beaucoup d'autres délits, bien plus nombreux que ceux pour lesquels ils ont fait l'objet d'un placement par le juge. On parle de versatilité délinquante à leur endroit : ils sautent d'un type de délit à l'autre, en pratiquent toujours plusieurs à la fois, ce qui signale leur ancrage profond et durable dans la délinquance.

1. Entretiens cités dans *Le Monde*, «Une nuit avec des "émeutiers" qui ont "la rage"», le 7 novembre 2005.

Revenons à l'échantillon représentatif des 13-19 ans scolarisés. Nous constatons qu'il existe des recoupements entre différentes catégories de délits et les délits qualifiés de «violences urbaines». Considérons divers petits délits (vol en supermarché, petite dégradation, tags, vol d'autoradio, etc.). Les adolescents qui n'en ont commis aucun sont 0,5% à avoir caillassé ou incendié. Ceux qui sont impliqués dans 5 types de petits délits ou plus sont 37% à passer aux violences urbaines. C'est certes moins que les enfants placés par le juge, mais cela commence à être conséquent. Le fait d'isoler les vols, les dégradations et d'en compter le nombre n'apporte pas d'information supplémentaire : ce n'est pas la quantité de tel ou tel type de délits qui prépare aux violences urbaines, mais le fait d'en multiplier les formes. L'ancrage dans la délinquance, repéré chez les récidivistes, se prépare chez ceux qui ne sont que réitérants pour le moment. La différence est simple : le multirécidiviste est condamné plusieurs fois, le réitérant pas encore. Les agressions physiques sont également de bons préparateurs aux violences urbaines : 3,9% de ceux qui n'ont jamais agressé ont commis les délits qui nous intéressent, contre 40% de ceux qui sont impliqués dans 3 types d'agressions physiques, soit dix fois plus.

Le fait de porter une arme sur soi (une arme blanche dans la quasi-totalité des cas) est une autre forme de préparation permanente à l'action violente, un signe de prédisposition. Chez ceux qui ne le font jamais, 5,3% ont déjà eu un comportement de caillassage ou d'incendie (dont 0,3% les deux), et lorsqu'ils le font, ils sont 25,9% (dont 3,8% les deux).

La consommation de cannabis est plus fréquente chez les petits délinquants, cette pratique étant particulièrement prédictive chez les 13-14 ans et moins après. En moyenne, 13,8% des consommateurs commettent des actes de violence urbaine contre 5,4% des non-consommateurs. La consommation de drogue dure, malgré une faible représentation dans notre échantillon, se révèle associée aux actes de violences urbaines, réalisés deux fois plus souvent par les consommateurs (16,7% disent s'y être livrés contre 8%). La consommation d'alcool y est pareillement associée, puisque 6,9 % de ceux qui ne consomment jamais ont déjà participé à des violences urbaines contre 15,8 % de ceux qui le font le plus souvent. Les différents produits psychotropes sont donc également liés aux violences. Le fait de faire commerce du cannabis ou d'objets volés est bien plus déterminant : 31,4 % des vendeurs de haschich ont déjà caillassé ou incendié contre 6,9 % de ceux qui n'en ont jamais vendu, et pour les revendeurs d'objets volés les valeurs sont respectivement de 31,3 et 4,1 %.

La fréquentation de copains et de copines ayant eu affaire avec la police, mais également le fait d'avoir des frères et sœurs dans le même cas organisent autour de l'enfant une enveloppe délinquante. Celle-ci prédispose aux violences urbaines. 3,1 % des adolescents qui n'ont ni copains ni frères ou sœurs dans ce cas ont caillassé ou incendié. S'il en ont huit ou plus, on atteint 26,9 %, soit presque neuf fois plus. La réalisation de multiples délits suppose des bandes et des réseaux pour s'approvisionner, revendre, se faire protéger en cas de besoin. Elle encourage à la délinquance comme style de vie.

Il y a eu débat sur la divergence entre les chiffres fournis par la justice et ceux fournis par la police : les premiers faisaient apparaître moins d'antécédents judiciaires parmi les émeutiers que les seconds. Les personnes interpellées pour leur implication dans les émeutes étaient, pour « 75 à 80 % » d'entre elles, « déjà connues pour de nombreux méfaits », déclare Nicolas Sarkozy mardi 15 novembre à l'Assemblée nationale[1]. Michel Gaudin, le directeur général de la police nationale, bien synchronisé, publie le même jour une tribune dans *Le Monde* : « Le lien avec la criminalité de droit commun est établi : 80 % des interpellés étaient connus[2]. » Les études de délinquance auto-déclarée offrent un portrait convergent. En ce qui concerne les mineurs, le juge Jean-

1. http ://archquo.nouvelobs.com/cgi/articles ? ad=societe/20051115. OBS5163. html&host=http ://permanent.nouvelobs.com
2. *Le Monde*, 16 novembre 2005.

Pierre Rosenczveig affirme qu'au tribunal pour enfants de Bobigny, sur 95 mineurs déférés devant la justice, seuls 17 étaient connus de la justice : « Et encore, quelques-uns étaient connus non pas pour des faits de délinquance, mais parce qu'ils faisaient l'objet d'une mesure d'assistance éducative pour enfance en danger[1]. »

En réalité, ces chiffres n'étaient pas contradictoires. Pour la police, presque tous étaient des réitérants, c'est-à-dire qu'ils avaient été identifiés ou soupçonnés d'avoir participé à des délits, et cela de manière répétée. Pour la justice, la présomption d'innocence prime : si les preuves ne sont pas suffisantes ou si l'affaire a été classée, elle disparaît des registres car aucune condamnation ou mesure n'a été décidée. Cette différence révèle simplement que les riotteurs n'ont pas tous nécessairement fait leurs armes, qu'ils se contentent des satisfactions de la délinquance de rue. Mais certains sont passés aux « choses sérieuses » et les répètent au point d'avoir un casier judiciaire qui contient plusieurs condamnations.

Les délits, graves ou moins graves, font partie du style de vie du délinquant de rue. Les violences urbaines forment une extension naturelle de leur existence dans laquelle la police est l'ennemie, l'école une source de frustration et la famille un cadre qui s'est affaibli. Ainsi ceux qui voient dans les émeutes un phénomène lié à la délinquance quotidienne ont raison. Malgré toutes les caractéristiques et les dynamismes qui lui sont propres, l'émeute est le fait de personnes qui ont déjà une pratique délinquante.

D'une certaine manière, on ne s'explique pas très bien la particularité du comportement d'émeutier puisque les mêmes déterminants sociaux, familiaux ou scolaires prédisposent à l'émeute et à d'autres délits. À moins de considérer qu'il y a continuité entre les délits de rue et les comportements de violences urbaines, c'est-à-dire d'ajouter aux déterminants du comportement de violence urbaine le fait d'être déjà délinquant. Le quartier que les jeunes

1. *Le Figaro*, 19 novembre 2005.

délinquants occupent forme un espace géographique unique qu'ils connaissent sur le bout des doigts. Et la versatilité des infractions commises forme le tremplin nécessaire à la participation aux violences urbaines. Si les prédispositions à la délinquance sont liées à différents dysfonctionnements et à un statut social défavorisé, seuls ceux qui auront passé les premiers paliers de la délinquance dans leur quartier et se seront associés durablement avec d'autres délinquants pourront aller plus loin : l'affrontement ouvert avec les autorités. C'est le cas en France. Mais aussi à l'étranger : dans l'étude anglaise d'Anne Power et Rebecca Tunstall sur les 13 agitations entre 1991 et 1992, ce trait est retrouvé : tous ces quartiers ont un passé marqué par les violences et des violations des lois [1].

Si les pouvoirs publics avaient souhaité s'informer et avaient financé une étude sur les émeutes de 2005, nous pourrions vérifier si ce raisonnement s'applique à ces rioteux. Pour le moment, nous savons seulement qu'il est vrai pour ceux qui ont participé à des affrontements de moindre intensité.

2. Les émeutiers à la recherche du frisson

Tous les habitants d'un quartier ne rejoignent pas les attroupements initiaux, et tous ne participent pas aux émeutes. De même, tous les jeunes d'une même zone, fût-elle sensible, ne s'impliquent pas dans les troubles. Si c'était le cas, la police serait complètement débordée et la guerre civile, promise par les médias étrangers, deviendrait réalité. Il en va de même pour une tranche d'âge, un sexe ou pour tout autre moyen de découper la population en tranches. Même les jeunes les plus en conflit avec l'école ne déclarent pas à 100 % être auteurs de violences urbaines, ne serait-ce qu'une fois dans leur vie, alors même qu'il s'agit d'une des pro-

1. Anne Power et Rebecca Tunstall (1997).

pensions les plus déterminantes. Seule une fraction des adolescents et des jeunes adultes, plus ou moins importante selon le critère retenu, entre dans la bataille. Une sélection s'opère plus avant. Selon quels critères ? Qu'est-ce que recherchent ceux qui prennent la décision de se joindre aux violences urbaines ?

La séduction de l'émeute

On ne peut se satisfaire d'une vision qui ferait du rioteux la victime de ses propres actes. Ne soyons pas naïfs face à des propos d'émeutiers comme : « Tu sais, quand on brandit un cocktail Molotov, on dit au secours[1]. » Faut-il expliquer au lecteur la différence qu'il y a entre appeler à l'aide et mettre le feu à un bâtiment ou une voiture, voire une moto qui roule ? Le choix de participer aux émeutes a des raisons qui ne sont pas seulement le sentiment d'injustice, d'abandon ou le désir de revanche vis-à-vis de la police. Les troubles provoquent en eux-mêmes une forte attirance chez ceux qui y participent. Il en va de même pour la délinquance de rue – c'est pour cette attirance que le sociologue Jack Katz forgea l'expression « séduction du crime ». Les jeunes délinquants recherchent dans leur activité le maximum de plaisir en un minimum de temps : ils en retirent de l'argent, le frisson, l'estime de soi et, avec les psychotropes, des sensations. En France, le psychologue Laurent Bègue a trouvé chez les élèves tout comme chez les jeunes placés par la protection judiciaire de la jeunesse qu'une valorisation du « risque » était associée avec le fait de commettre un plus grand nombre de délits[2]. Mais, en France, la thèse n'est pas assez politiquement correcte pour être diffusée. Il faut, pour en trouver une trace, se tourner vers les témoignages d'anciens délinquants. Yazid Kherfi a raconté sans détour sa vie passée dans un livre saisissant,

1. *Le Monde*, 7 novembre 2005, « Une nuit avec des "émeutiers" qui ont "la rage" ».
2. Laurent Bègue (2000).

128

le frisson de la délinquance violente : vivre vite, prendre l'argent, profiter, échapper à la police. Il se souvient : « Délinquants en bande, on bougeait, on prenait des risques, on roulait vite, on partait en affaire, on vivait des aventures. On était regardés, valorisés, craints. Par quoi cela peut-il se remplacer ?[1] » Un autre ex-délinquant, Kamel Ikachamene, a mené « au bas des tours » en Île-de-France une étude publiée avec le sociologue Gérard Mauger[2]. Il décrit un monde de professionnels du « bizness », bordé d'amateurs, qui partagent l'attrait de ce qui représente la richesse à leurs yeux, c'est-à-dire la frime : les voitures de sport, les boîtes de luxe. Tous affichent un idéal de virilité assimilé à une puissance guerrière, se réjouissant de la crainte qu'elle engendre.

Les participants des émeutes y voient une bonne occasion d'en découdre avec la police, de se jouer des autorités, de se venger et de montrer qui commande dans le périmètre du quartier. « Par haine de la police », Aziz, un garçon de 20 ans, a jeté des cocktails Molotov avant de piller un magasin situé dans l'enceinte du métro à Saint-Denis, le 7 novembre au soir : « Quand j'ai vu des CRS dans la cité, et aussi un hélicoptère qui survolait des habitations, je me suis dit : ils veulent la guerre, ils vont l'avoir. Alors j'ai mis mon bonnet, mon écharpe et je suis sorti. » Les deux adolescents morts dans un transformateur à Clichy-sous-Bois, « c'est pas pour eux que je suis révolté ». Comme la majorité des rioteux qui ont été interpellés, il est bien connu des services de police, et même de la justice : il a déjà été incarcéré à deux reprises « pour des histoires de vols et d'extorsion »[3].

Lors des agitations urbaines, les rioteux ont une occasion rêvée de se rapprocher de la limite, de côtoyer le danger, de le caresser, de jouer avec le feu. Le péril ne fait pas peur, il attire. Sabrina, 17 ans, habite à Montfermeil : « Quand les CRS étaient dans la cité, j'avais trop envie de descendre, d'y aller moi aussi. Mais ma mère

1. Yazid Kherfi (2000), p. 18.
2. Gérard Mauger, Kamel Ikachamene (2004).
3. Propos rapportés par *Le Figaro* du 14 novembre 2005.

ne voulait pas[1].» L'émeute est faite d'actions, d'enchaînements: alerter, crier, courir, lancer, frapper et courir encore. Dans le feu de l'action, au sens littéral, les sens s'éveillent, s'épanouissent. La jouissance de la participation, le goût de l'affrontement et du risque, font partie de la nature humaine, et plus encore de la culture du délinquant de rue. De ce point de vue, les troubles sont une extension et une occasion qu'il serait dommage de laisser passer.

La dimension festive des émeutes frappe l'observateur, qu'il s'agisse des incendies de voitures de fin d'année ou encore des émeutes de 2005. Comme dans tous les comportements démonstratifs qui se donnent à voir, au bout du compte, ce n'est pas le gain ou la perte qui est décisive. Le plaisir de l'action est plus important que la victoire. Qui pourrait «gagner une émeute»? Ces agitations n'ont pas pour but de grands changements ni même de petit profit: si quelques émeutiers ont pillé des commerces, la majorité ne s'y est pas livrée.

Avec l'émeute urbaine, le quartier, la ville, devient un terrain de jeu. Un monde de vandalisme, de vols et de bagarres s'ouvre aux émeutiers. Écoutons encore Aziz: «Avec des copains, on a commencé par déposer des poubelles en flammes au milieu d'une rue, pour stopper la circulation, comme ça les petits ont pu se faire un peu d'argent en volant les conducteurs.» La grande aventure peut commencer. Perçue par la population comme une attaque contre la société, elle est vécue par les participants comme un moment d'exubérance, une sorte de carnaval identique à ceux des siècles passés, ces moments où les règles sociales étaient suspendues. Avant le milieu du XVIIIᵉ siècle, les charivaris s'accompagnaient d'incursions destructrices dans les demeures. «En temps de carnaval, les maisons doivent impérativement s'ouvrir à l'irruption soudaine des masques», écrit l'historien[2]. Les maisons étaient pillées ou dévastées.

1. *Libération* du 12 novembre 2005.
2. Daniel Fabre (1985), p. 562.

Le psychologue américain Michael Apter a montré l'importance de cette quête du frisson, le besoin des hommes de le ressen-
tir, les fonctions biologiques auxquelles elle correspond[1]. Les
hommes, contrairement à ce que Freud supposait, ne recherchent
pas un état de tranquillité. Ils aiment les stimulations extrêmes et
vont les chercher dans le cinéma violent, dans le sport, la bagarre et
de temps en temps, l'émeute. Le saut à l'élastique depuis un pont,
la participation aux férias dans lesquelles une vachette vous charge
et même la prise de drogue et d'alcool ajoutent du piment à une vie
routinière. C'est encore plus vrai lorsqu'on s'ennuie dans son quartier : l'inanité de la vie quotidienne décuple la satisfaction anticipée
puis retirée de l'action extrême.

On le voit avec les plus motivés : si les CRS ne viennent pas à
eux, ils iront aux CRS. Au bout de quelques jours, il est apparu
préférable de ne pas éteindre tous les incendies car ils formaient
autant de moyens d'attirer pompiers et policiers dans un lieu précis
de la cité. Quand les riotteurs ont compris que la police avait saisi
la manœuvre, ils sont venus aux abords de la cité chercher les
forces de l'ordre. La CRS 23, proche de Mulhouse, a vu une voiture brûler sur le parking de son cantonnement. Un cocktail avait
été jeté par-dessus l'enclos[2].

Par l'éducation, les familles tentent de maîtriser le penchant des
enfants pour l'extrême. Les sports sont censés être l'un des moyens
de canaliser ce désir de frisson des jeunes, ce qui est faux. Mais, si
cet effort de socialisation fait défaut, le goût du frisson détermine
bien des attitudes. Le gangster Lucky Luciano faisait une analyse
qui mériterait d'être mieux connue quand il parlait de la délinquance, des truands et des honnêtes gens : « On a tous le vol dans la
peau, mais la plupart des gens n'ont pas les couilles de le faire[3]. »

1. Michael Apter (1992).
2. « En patrouille avec les durs de la police », *Le Point*, n° 1730, 10 novembre 2005.
3. « *Everybody's got larceny in 'em, only most of 'em don't have the guts to do
nothin' about it* », cité par Michael Apter (1992).

Et si la participation aux émeutes relevait de la même logique ?

Il ne s'agit pas de dire que les rioteux sont des grands délinquants ou des terroristes en herbe. Non, le profil du petit délinquant trahit une valorisation de l'action et de la frime qui s'éloigne du crime organisé, des règles familiales de la mafia, ou de la détermination sacrificielle du terroriste. Avec les émeutes, le rioteux peut se faire tourner la tête, rechercher le frisson : il passe un nouveau palier dans la gravité des délits qu'il commet. Dans notre étude sur la délinquance auto-déclarée menée en 2003, nous avons introduit plusieurs questions relatives à la mesure de l'impulsivité. Écoutons les adolescents parler d'eux-mêmes et rapprochons ces paroles des comportements commis lors des troubles : incendies et caillassages. Parmi les adolescents qui sont « tout à fait d'accord » avec la phrase « J'agis souvent sur un coup de tête, sans m'arrêter pour réfléchir », 16 % ont commis des actes de violence urbaine. Chez ceux qui ne sont « pas du tout d'accord », le chiffre est de 3 %, soit cinq fois moins.

Regardons maintenant ceux qui répondent à la phrase « J'aime vivre à un rythme rapide ». Lorsque les adolescents sont « tout à fait d'accord », ils sont 10,2 % à avoir caillassé ou incendié au cours de leur vie. Ceux qui ne sont « pas du tout d'accord » sont 5,5 %, soit la moitié. Agir sur le coup, vivre vite, autant de motivations pour s'impliquer dans les violences urbaines, comme dans la délinquance de rue. Ce que nous disent les anciens délinquants, les études étrangères, se vérifie en France.

Le risque fait partie du plaisir. Les enfants qui disent être « tout à fait d'accord » avec la phrase « Je ne prends jamais de risques juste pour le plaisir » sont 5,5 % à avoir caillassé ou incendié. Ceux qui ne sont « pas du tout d'accord », c'est-à-dire qui associent risque et plaisir, sont 8,4 % à avoir des comportements de violence urbaine, soit moitié plus. Plus spectaculaire encore, les adolescents qui répondent être « tout à fait d'accord » avec l'idée « Je trouve excitant de faire des choses qui pourraient me causer des problèmes» sont 35,4% à avoir incendié ou caillassé au cours de leur vie contre 4,4% pour ceux qui ne sont pas d'accord. Même ceux qui sont «plutôt d'accord» sont 22,1% à avoir eu ces comportements. L'écart entre ceux qui ne sont pas excités par le risque et les autres représente un facteur 4, voire 9!

Le goût du risque, la recherche des problèmes, la vie qui défile: tous ces traits caractérisent les adolescents impliqués dans des comportements de destruction et d'agressivité contre les policiers, les transports ou les autres services. L'explication de leurs actes tient en bonne partie, mais pas en totalité, dans cette orientation vers les «embrouilles». Ils n'ont pas peur des sanctions, de se trouver confrontés aux autorités, au contraire. Cela constitue le sel de leur vie. Ils sont quelques poignées dans chaque quartier, mais l'influence de cette minorité très active pourrait bien être décisive. En cas d'émeutes, ils ont de l'expérience, de la détermination, une bonne dose d'inconscience. Ils peuvent allumer la mèche. Dans les études de délinquance auto-déclarée, on mesure l'importance de leur contribution à la délinquance: 5% des jeunes d'un quartier commettent de 50 à 85% des délits que l'étude enregistre. Ils sont les plus expérimentés, les plus déterminés et les plus hostiles aux policiers, ceux qui ressentent le moins de remords ou de compassion pour leurs victimes.

Les sources d'excitation fournies par les émeutes sont nombreuses. Il y a d'abord le simple fait d'y penser, de s'y préparer par la parole dans le cadre d'un petit groupe de copains, de se défier à l'avance mutuellement, d'annoncer ce qu'on va faire, quitte à fantasmer. En Seine-Saint-Denis, les journalistes ont écouté les récits d'émeutiers: «Avant de passer à l'acte, les cinq adolescents se sont monté la tête à coups de légendes urbaines souvent ressassées, rarement vérifiées[1].» Dans le quartier de la Madeleine à Évreux, on annonce la couleur à une habitante du quartier, comme le relate

1. *Le Figaro*, 14 novembre 2005.

une journaliste du *Monde*: «Ils m'ont dit: "Madame, on va tout casser cette nuit"[1].» Deux petits caïds du quartier ont été interviewés par *Paris Normandie*: deux cents jeunes environ, pour la plupart issus de cette banlieue, ont décidé de mettre la cité à feu et à sang, et d'affronter les forces de l'ordre: «Les flics nous ont nargués hier, alors nous avons décidé de réagir, de nous venger[2]!» Pourquoi annoncer ses plans si ce n'est par bravade ou provocation, ce qui revient à les rendre plus risqués?

Après, il faut se préparer: vérifier le petit matériel, les écharpes et les capuches pour ne pas être reconnus, les cocktails Molotov parfois, les divers projectiles à tous les coups, exceptionnellement les armes à feu. On doit décider quelle sera la tactique, où aller se planquer, ramasser les munitions, dire quel sera le gamin qui devra monter sur les toits pour prévenir de la route qu'emprunteront les policiers pour entrer dans le quartier, d'où on pourra caillasser, jeter des projectiles des fenêtres. Les embuscades sont préparées, et parfois les forces de l'ordre tombent dedans. «On s'était bien préparés, ouais. Fallait leur montrer de quoi on est capable, à Évreux», lance Sasso, un des émeutiers du quartier de la Madeleine[3]. La préparation est un moment important de la satisfaction dans l'action risquée, qu'il s'agisse du saut à l'élastique, de l'attaque d'un fourgon ou de l'émeute.

Les policiers se font attirer, au début des troubles, dans des ruelles à Aulnay, au milieu d'immeubles où ils sont joyeusement pris pour cibles. Le scénario est pire à Évreux. Durant près de trois heures, à l'aide des armes fourbies la veille, des battes de base-ball, des pierres, des boules de pétanque ou encore des barres métalliques, les riotteurs ont défoncé les vitrines des magasins, éclaté les pare-brise des voitures stationnées au pied des tours, fait voler en éclats les abris de bus, renversé les poubelles et touché des policiers. La poste et les banques ont été attaquées. Arrivés trop tardi-

---

1. *Le Monde*, 7 novembre 2005.
2. «Deux émeutiers témoignent», *Paris Normandie*, 7 novembre 2005.
3. *Ibid.*

vement sur place, juste avant minuit, et en trop petit nombre, les CRS ne parviennent pas à repousser les rioteux, malgré l'aide d'un hélicoptère de la gendarmerie muni d'un projecteur. Il a beau survoler la zone sensible, la bataille se gagne ou se perd sur le bitume. La vingtaine de policiers, sans boucliers, doit reculer pendant plusieurs heures, abandonner le terrain. Elle ne parviendra même pas à protéger les pompiers qui essaient d'éteindre le brasier qu'est devenu le centre commercial[1]. C'est le triomphe chez les émeutiers. La gratification émotionnelle recherchée est au rendez-vous.

Le psychologue Michael Apter rappelle comment le frisson lié à la peur et la recherche du danger dilatent les papilles du goût, intensifient le sens de l'odorat[2]. Le cœur bat plus vite, la respiration s'intensifie. Le corps tout entier est tendu vers le moment de l'affrontement. On peut appliquer ces remarques à l'émeutier. Le moment de l'attaque, le défoulement dans la destruction, le plaisir de «tout péter», l'arrivée des victimes potentielles, ici en sous-effectifs, sont autant de frissons successifs. La satisfaction est à son comble : «Moi, j'ai aussi retourné une voiture, et après je l'ai incendiée avec deux autres gonzes. C'était trop fort», lance fièrement Sasso, un des deux interviewés du quartier de la Madeleine. «Le plus fort, c'est qu'ils étaient à quelques mètres à peine des keufs. Ils étaient comme des fous les condés», ajoute Al pac', son compère[3].

Côtoyer l'ennemi, être sur la ligne de front, presque au corps à corps, prendre tous les risques pour infliger le maximum de destructions, sans pitié : les émeutiers ne cachent pas leur excitation. Les heurts sont violents, souvent féroces, parfois barbares, rapporte le journaliste[4]. Deux policières municipales ont été prises au piège. L'une est grièvement blessée au visage par un jet de boule de pétanque. L'autre a le bras cassé et la mâchoire fracturée. Parmi les policiers nationaux, on déplore également neuf victimes. Il faut une

1. Témoignage d'un agent de France Télécom, présent sur place.
2. Michael Apter (1992).
3. «Deux émeutiers témoignent», *Paris Normandie*, art. cit.
4. «Grièvement blessé au visage», *Paris Normandie*, 7 novembre 2005.

solide volonté de frapper et une bonne détermination au moment voulu pour arriver à ce résultat : la pitié ne fait visiblement pas partie du répertoire des attaquants. La délinquance de rue apporte de nombreuses satisfactions émotionnelles, et l'émeute les décuple. Le sociologue américain Jack Katz insiste sur le fait que nous refusons de regarder avec précision la manière dont les délinquants de rue détruisent les autres, les font souffrir, les terrorisent. Nous en trouvons ici des illustrations françaises.

Dès les années 50, cette dimension festive des émeutes avait été identifiée par le sociologue Sheldon Glueck : braver les autorités est un moment rare qu'on sait savourer[1]. D'autant qu'à Évreux toute la cité est au balcon : les riverains sont à leurs fenêtres, à regarder leurs voitures brûler (sans rien pouvoir faire) et les policiers peiner. Après l'action, c'est le moment de sortir les trophées, de montrer qu'on n'a pas eu peur, qui on est vraiment. « Mais c'est pas tout ! Bougez pas ! Bougez pas ! Regardez ! » Sasso sort de son caleçon une lampe-torche. « C'est celle des flics ! On la leur a arrachée durant la bataille », et suivent encore une chasuble fluorescente sur laquelle est inscrit « police », un gilet pare-balles et une paire de menottes. Justice est faite, les fauteurs de troubles ont été punis : « Ce soir, il [Sarkozy] a eu ce qu'il mérite. Ses flics aussi ![2] »

Les victimes sont terrorisées, la collectivité est consternée. Le président de l'Assemblée nationale, Jean-Louis Debré, déclare : « C'est une très grande tristesse[3]. » Les commerces sont vandalisés ou détruits par le feu, comme le bureau de police et plus de trente voitures. Il va falloir reprendre ses habitudes de la vie quotidienne, tenter « de s'adapter : prévoir des itinéraires directs pour éviter les groupes de jeunes qui squattent les trottoirs ; ne jamais prendre son sac à main dans la cité ; ne pas garder plus de 10 euros en liquide sur soi[4] ».

1. Sheldon Glueck (1952).
2. « Deux émeutiers témoignent », *Paris Normandie*, art. cit.
3. Jean-Louis Debré, « Il faut tenir bon », *Paris Normandie*, 7 novembre 2005.
4. « Dans une cité d'Évreux », *Le Monde*, 8 novembre 2005.

La particularité des émeutes en banlieue est qu'elles permettent de se donner le grand frisson tout en le tempérant par le sentiment d'être protégé des conséquences de ses actions. S'exposer au danger, vivre une émotion intense tout en préservant les zones de sécurité indispensables. C'est le modèle du «tigre dans la cage». L'approcher et l'entendre rugir fait frémir de peur et de plaisir... à condition qu'il reste dans la cage. À Évreux, quelques émeutiers sur environ deux cents ont été arrêtés par la police. N'est-ce pas un inconvénient acceptable au regard de la gratification? Il faudrait le demander aux rioteux.

3. Le frisson du danger chez les policiers

Le goût du frisson n'est pas l'apanage des petits délinquants. L'excitation de l'action est également ressentie et valorisée du côté des policiers. Avec une différence de taille: au cours de l'agitation de 2005, les policiers cherchent à maîtriser la situation, à éviter l'erreur, et surtout le décès qui relancerait le processus d'émeutes. Les sociologues du travail ont montré la place de l'ennui dans le travail de police, les moments d'inactivité étant «l'occasion incessante de se plaindre de l'absence d'interventions[1]». Pour les policiers, «c'est plus fatigant quand il n'y a rien à faire», «une patrouille sur une nationale donnera la possibilité de faire un peu de vitesse, un dos-d'âne pris à toute allure permettra "d'aller au manège" [...], l'intervention musclée dangereuse ou haletante devient l'objet de toutes les convoitises», raconte Marc Loriol. La recherche a montré que «l'accélération du rythme débouche rarement sur un résultat. D'ailleurs, les policiers le savent bien, mais ils jouent à ce que ce soit dangereux, urgent ou important. [...] Ils prennent des risques réels, [...], brûlent les feux rouges, négocient dangereusement les

---

1. Marc Loriol *et al.* (2004), p. 27.

virages», avec une certaine jubilation et le sentiment de s'extraire du quotidien. Les gardiens de la paix font la course avec la BAC : « Vite, si on se dépêche, on peut arriver avant la BAC », en passant par le centre-ville et en évitant les feux rouges. Le rapport à la violence physique, le contact avec les « vrais durs », sont valorisés [1].

Mathieu, 28 ans, est gardien de la paix, affecté dans une BAC de Seine-Saint-Denis. Il explique sa motivation au *Nouvel Observateur* : « À la sortie de l'école de police, 90 % des postes proposés étaient en Île-de-France. J'ai choisi la Seine-Saint-Denis parce que je voulais me colleter à ce qu'il y a de plus dur [...]. J'ai déjà eu quelques frayeurs, bien sûr. Comme ce jour à Saint-Denis, aux Francs-Moisins, où je menottais un suspect sans avoir vu arriver derrière moi une trentaine de gars prêts à me lancer des parpaings [...]. Se faire un flic, c'est bon pour la réputation vis-à-vis des autres quartiers. Mais je n'ai pas peur d'intervenir. L'important, c'est de savoir où l'on met les pieds et de venir avec des moyens appropriés. Et puis l'adrénaline, j'aime cela [2]. »

Les journalistes d'*Envoyé spécial* ont consacré une émission aux forces de l'ordre pendant les émeutes, ils arrivent à des conclusions proches : « Les policiers se sont sentis très marqués, mais pas comme nous l'imaginions avant ce reportage. [...] Pendant les émeutes les policiers se sont sentis utiles. Ils avaient des renforts de CRS, ils avaient des pouvoirs élargis par l'état d'urgence, ils ont pu faire beaucoup d'interpellations. Ils ont eu l'impression d'œuvrer, d'être les remparts de la République. Et c'est plutôt maintenant que le calme est revenu, maintenant que les affaires quotidiennes, que le petit travail ingrat, que les petites affaires, les courses-poursuites avec les délinquants qu'ils ne rattrapent que très rarement [...] qu'ils ont le blues. [...] Les émeutes, pour les policiers que nous avons rencontrés en tout cas, cela restera plutôt une bonne expérience professionnelle [3]. »

1. *Id.*, p. 35.
2. *Le Nouvel Observateur*, n° 2141, 17 novembre 2005.
3. « Au cœur des flics », *Envoyé spécial* diffusé le jeudi 5 janvier 2006.

D'une manière générale, les actions dangereuses dans lesquelles on risque sa vie pour de bon sont les plus gratifiantes, qu'il s'agisse d'opération d'infiltration ou de traverser le feu ennemi ou de coincer l'adversaire pour l'éliminer. Ce sont elles qui sont le plus valorisées par les chefs, flics ou voyous. Les faits de bravoure sont récompensés par des décorations chez les uns, par une bonne réputation chez les autres. Les cadres de la police qui se trouvaient sur place et qui n'ont pas pu participer aux événements ont ressenti une frustration : ils ont raté une occasion de se révéler dans l'action. Évidemment, il y a les gagnants et les perdants, et lorsque les policiers sont à terre, comme à Évreux, ils vivent très mal l'échec : c'est la violence sans le frisson, la peur qui marque durablement. Mais, comme l'a montré Michael Apter, ces expériences sur le fil du rasoir sont décrites par ceux qui y survivent comme plus fortes que la drogue. La terreur se mêle à l'extase dans la psychologie masculine. L'affrontement exerce une sorte de magnétisme. Les émeutes sont un peu en deçà, mais en donnent un sérieux avant-goût.

La séduction de l'émeute a montré sa force en 2005. Les frustrations de ne pas y avoir participé ne sont probablement pas réservées aux policiers. Par un effet d'apprentissage social de l'usage de la violence et d'attirance vers les modèles que constituent les aînés, le stock de prétendants au frisson s'est probablement agrandi.

CHAPITRE 7

Changer un système de police qui ne marche pas

Nous avons déjà cité au chapitre précédent plusieurs avis de policiers ou de spécialistes sur les effets néfastes d'un usage purement offensif de la police dans les quartiers défavorisés. Le fait est que les policiers ne s'y aventurent que pour des interpellations, tandis qu'au quotidien les habitants ne voient pas l'ombre d'un uniforme. Les jets de projectiles ont fini par «payer». L'absence de volonté politique de réimplantation dans ces quartiers n'a pas été de nature à renverser la tendance. Nous avons également évoqué dans le premier chapitre le fait que la police avait été insuffisamment préparée aux émeutes et mal informée quand elles ont commencé. Nous devons nous interroger sur le modèle de police qui était appliqué au début des émeutes. Nous demander comment celle d'aujourd'hui peut tirer les enseignements de ces événements.

1. Avant la crise : l'oubli des banlieues

Avec les émeutes, la question de la sécurité reprend sa place à la une de l'actualité. Performance remarquable, elle chasse la grippe aviaire, pourtant annoncée comme la menace du siècle. Et elle interroge le bilan du gouvernement actuel, régulièrement présenté comme incontestable. En effet, depuis 2002, la répétition inlassable des annonces de baisse de la délinquance de voie publique a porté ses fruits : la population accorde sa confiance à la politique du gouvernement dans ce domaine. Cette confiance connaît certes un essoufflement : entre début 2003 et juillet 2006, les approbations positives de l'action du gouvernement passent avec 48 % pour la seconde fois sous le seuil des 50 %. C'est moins net que la chute d'opinion positive qu'avait connue la politique de sécurité de Lionel Jospin, mais cela devrait questionner la Place Beauvau. Surtout, pendant les émeutes, la cote de satisfaction s'effondre. 34 % de personnes pensent que « la politique de sécurité du gouvernement va dans le bon sens[1] ».

Les ministres de l'Intérieur ont l'habitude de se féliciter de leur capacité à faire plier la délinquance sous les coups de boutoir de leur police et de leur gendarmerie. Quelles sont donc les orientations nouvelles qui permettent de rompre avec la médiocrité des précédents gouvernements ? Dès son arrivée à Matignon, Jean-Pierre Raffarin affiche son objectif quantitatif : une baisse de 20 % en quelques années. Cette idée d'une baisse globale de la délinquance est très importante. Elle se démarque nettement des intentions initiales des socialistes, de leur programme tel qu'il est exprimé dans des documents internes de travail et lors du colloque de Villepinte en 1997 – rappelons qu'il s'agissait de la grande opération de communication de Lionel Jospin tendant à faire savoir que la « gauche plurielle » (c'est l'expression à l'époque, on ne peut plus vraie en ce qui concerne la sécurité, tant cette pluralité empêcha le consensus au sein même du gouvernement) en a, enfin, fini avec son angélisme et la « culture de l'excuse ».

Quelles étaient les intentions initiales des socialistes ? L'objectif était de se concentrer sur les quartiers défavorisés. Le projet de la police de proximité consistait à changer la stratégie globale de police en direction des espaces déshérités et des minorités. Loin

---

1. L'opinion et le gouvernement sur l'enjeu de la sécurité : pourcentage de personnes qui trouvent que, en matière de sécurité, « le gouvernement va dans le bon sens » (source : Observatoire Libération-I TV-LH2).

d'abandonner la police répressive, la police de proximité devait former des postes de quartiers dans lesquels des agents généralistes, un peu comme les médecins de ville, pouvaient traiter, y compris pénalement, le «petit judiciaire», les petits délits. L'enjeu était de répondre à la demande de sécurité des quartiers sensibles. Pour cela, on devait donner plus de moyens à cette police, former plus d'agents de police judiciaire (capables de faire des enquêtes, rassembler des témoignages, relever des traces, rédiger des procès-verbaux). Il était prévu de fidéliser les personnels, c'est-à-dire de les affecter à un quartier: les mêmes hommes et femmes gardiens devaient être présents aux mêmes heures pour permettre d'établir des liens entre les résidants d'un quartier et les forces de l'ordre. En effet, c'est de la connaissance que naît la confiance.

La police de proximité a été caricaturée par ses ennemis et accusée d'être une police sociale, par conséquent inefficace. Certains syndicats de police (ceux des cadres), certains hauts fonctionnaires et notamment des membres de l'IGPN[1], certains élus de l'opposition, mais pas tous, ont essayé de la tuer dans l'œuf. C'était prévisible et de bonne guerre: les hommes s'affrontent autour de leurs conceptions des choses, de leurs valeurs. Plus surprenante est la manière dont le ministre de l'Intérieur lui-même, Jean-Pierre Chevènement, a contribué à enterrer le projet. Le ministre a oublié d'obtenir les crédits indispensables à ce qu'il appelait «la plus grande réforme de la police nationale», il a organisé une communication dramatiquement maladroite, produisant par exemple un spot où l'on voyait une policière refaire son lacet à un enfant. Il n'en fallait évidemment pas plus pour discréditer le projet aux yeux des professionnels: ils avaient là la preuve que la police de proximité allait faire perdre son identité aux fonctionnaires nationaux, les muter en assistantes sociales.

Je ne reviens pas ici sur toutes les péripéties de cette réforme détruite par une majorité censée la soutenir, coupant ainsi l'herbe

1. IGPN : Inspection générale de la police nationale.

sous le pied de ses détracteurs. Les responsables eux-mêmes l'avaient perdue de vue pendant qu'ils étaient aux commandes. Il me suffit d'ajouter que l'idée de se focaliser sur les banlieues a été tout aussi bien perdue. D'une part, pendant que Jean-Pierre Chevènement est ministre, les moyens supplémentaires votés ne sont pas affectés aux quartiers difficiles, et notamment pas aux adjoints de sécurité (ADS) qui sont les emplois-jeunes, c'est-à-dire les emplois aidés, de la police nationale. Or, ces 20 000 ADS étaient des personnels supplémentaires indispensables à la mise en place de la police de proximité, gourmande en effectifs. D'autre part, après l'arrivée du deuxième ministre de l'Intérieur de Lionel Jospin, Daniel Vaillant, son bras droit et directeur général Patrice Bergounioux, qui n'avait jamais vu la réforme d'un bon œil (bien qu'il ait été conseiller pour les questions de police presque depuis l'arrivée de Jean-Pierre Chevènement), a tenté de la dégager des quartiers sensibles : désormais, on pouvait faire la réforme, mais pas dans ces zones ! Autant dire que les perspectives initiales avaient été rangées au placard. La réforme, complètement pervertie dans ses objectifs et peu mise en œuvre, ne pouvait pas avoir d'effets à l'échelle du pays. Ses effets positifs sur l'image de la police ont en revanche pu être enregistrés là où la réforme de la proximité avait une certaine durée et des moyens, c'est-à-dire dans les quelques circonscriptions expérimentales, celles où l'on avait vraiment commencé à passer à la pratique.

Le gouvernement de Jean-Pierre Raffarin ne s'embarrasse pas de toutes ces « erreurs » socialistes, de ces volontés de réformer, et leur tourne radicalement le dos. Il clame vouloir des résultats, sonnants et trébuchants. Il entend par là de bons chiffres généraux de la délinquance.

En matière de sécurité, personne ne sait combien coûte un point de délinquance, combien il faut investir pour diminuer le nombre de délits de 1 % ou 20 %. La promesse de réduire la délinquance est donc estimée « à la louche », et avec une bonne dose d'approximation. Il s'agit d'un objectif politique, non d'un objectif opérationnel précis.

Par ailleurs, l'objectif est global : les quartiers défavorisés ne sont pas une cible prioritaire, et l'amélioration des relations entre la police et les habitants de ces cités encore moins. Même la meilleure prise en charge des victimes ne reviendra, à la marge, dans le discours du ministre de l'Intérieur qu'au début de l'année 2005, trois ans après sa prise de fonctions. La suppression d'une partie des crédits aux associations de quartier, dont on ne sait si elle a été ou non un déclencheur des émeutes, est en revanche un signe incontestable de la faible priorité accordée à la question de la vie sociale dans les zones pauvres (non seulement au ministère de l'Intérieur mais aussi lors des arbitrages gouvernementaux par les deux têtes de l'exécutif, le président de la République et le Premier ministre). On ne peut accuser le gouvernement de n'avoir aucun projet pour les quartiers : raser les immeubles, les reconstruire ou simplement les rénover a toujours absorbé l'essentiel des crédits affectés aux banlieues.

L'idée est simple, elle sera martelée : la police est efficace si elle fait des interpellations. Aider les victimes, dissuader les délinquants, se tourner vers les habitants, forment un ensemble de tâches qui détournent de l'essentiel : arrêter les auteurs après la commission d'un délit. La dimension de service public, la nécessité d'aller vers les usagers, celle de renforcer la légitimité de la police pour l'ancrer dans les quartiers défavorisés, ne rentrent plus en ligne de compte. Et, lorsque la délinquance baisse, il suffit de féliciter les policiers et les gendarmes : aucun autre acteur n'a pu y contribuer. Ni les maires et leurs polices municipales, ni les services de médiation, ni les services de prévention des conseils généraux, ni les associations d'aide aux victimes, ni les entreprises de sécurité, ni la mobilisation des forces locales dans les quartiers défavorisés, ni aucun autre facteur socio-économique ne méritent d'être cités. La naïveté de Lionel Jospin, confessée publiquement, laisse place à la naïveté de Jean-Pierre Raffarin. Mais, s'agit-il, dans les deux cas de naïveté ? Ou bien plutôt de leur peu de capacité à analyser les causes de la délinquance et à déterminer les moyens réellement, et non apparemment, efficaces pour la faire diminuer ?

La poursuite des GIR (groupements d'intervention régionaux) par Nicolas Sarkozy est une idée intéressante, cependant elle n'est pas orientée vers les populations en difficulté mais vers le trafic. Les GIR sont les prolongations des OCR (opérations ciblées répressives) initiées par Daniel Vaillant. Il s'agit de faire travailler de concert différentes administrations, et notamment le fisc, les douanes, la police et la gendarmerie. Cette coordination permet d'exploiter à des fins de police des informations détenues par d'autres administrations, l'exemple emblématique étant le petit caïd circulant dans une grosse voiture allemande. Grâce à la législation et au fisc, on va pouvoir lui demander des comptes sur son train de vie. Et, si le véhicule est saisi, il pourra être revendu en partie au profit de la police. Cette dernière se fabrique ainsi de nouveaux contribuables directs. Le dispositif a été augmenté en 2002, et surtout il a été partiellement, mais pas complètement, stabilisé : la tête du GIR est permanente désormais, mais pas son corps – les personnels sont prélevés sur leurs administrations pour le temps de la mission.

Cette nouvelle méthode, qui consiste à saisir les biens appartenant aux délinquants et notamment à ceux qui mettent leurs cités en coupe réglée, est prometteuse. Le fait de les neutraliser contribue à la sécurité. Mais la pratique, faute d'informations, fait que ces opérations sont rarement orientées vers les caïds qui perturbent les quartiers au quotidien. Par ailleurs, les valeurs récupérées par la police ne sont pas partagées avec les acteurs sociaux du quartier, ce qui limite leur intérêt aux yeux des habitants.

Quant au « plan 22 quartiers violences urbaines », devenu « plan 24 quartiers » lancé le 26 janvier 2004 par le ministre de l'Intérieur, il vaut à peine d'être mentionné. Il fut essentiellement une annonce

145

et ne fit l'objet d'aucun suivi avant les émeutes. Celles-ci déclenchèrent par contrecoup un intérêt et une mission légère de l'Institut national des hautes études de sécurité (INHES) pour l'évaluer à l'été 2006, mais à la mode française, c'est-à-dire dans l'urgence d'une commande passée par le cabinet du ministre et sans aucune procédure rigoureuse et systématique.

Il ne faut pas voir dans ce dédain des banlieues et des relations entre police et population un mépris pour les minorités de la part du ministre de l'Intérieur. On sait aussi qu'il défend une vision à penchant communautaire, c'est-à-dire de reconnaissance de l'existence des minorités dans l'Hexagone. On sait qu'il a par ailleurs poursuivi la tâche entamée par d'autres pour structurer ce qu'on appelle un islam de France et organiser les rapports entre ce culte et l'État. Mais, les compartiments de l'action publique sont cloisonnés : ici religion et minorités, là-bas police. La manière de faire de la police est déterminée dans le cadre d'une co-gestion avec les syndicats, ce qui est d'autant plus facile que le ministre dispose d'une manne à distribuer pour revaloriser les salaires et verser des primes. C'est une affaire interne à la police. Les élus n'y sont pas associés, les minorités pas prises en considération.

2. La réactivité aux médias plutôt que les outils utiles

Arriver vite, mais trop tard

Dans la police française, la réactivité est le maître mot : il faut répondre vite à l'événement, après sa survenue. Un bon policier est un homme qui se dépêche d'aller « au feu », comme un pompier. Il était dans ces conditions assez improbable qu'une anticipation soit recherchée et que la gestion de la crise débute par une bonne coordination et une tentative de la dégonfler.

Il y a dans la police, sinon une culture de la réactivité, tout au

146

moins des pratiques, des gestes, des routines qui mettent l'accent sur «l'après». On attend et, si quelque chose arrive, on fait aussi vite qu'on peut. Le sociologue de la police, Dominique Monjardet, qui a passé vingt ans à observer cette profession, a repéré ce tropisme du haut jusqu'en bas des chaînes hiérarchiques[1]. Le policier de terrain attend l'appel qui va l'expédier sur les lieux de l'infraction. C'est ce qui s'est passé au début des émeutes : tout commence avec un appel au commissariat, la BAC est envoyée sur place, elle se trouve nez à nez avec le groupe d'adolescents qui reviennent de leur match de football et sont entrés pour certains d'entre eux dans un chantier. La suite est connue.

Le téléphone qui permet à l'habitant d'alerter la police, au commissariat de transmettre l'information à une patrouille, qui rend donc possible un déplacement rapide sur les lieux, a révolutionné la police. Plus que les doctrines de police, plus que les volontés des gouvernements, l'introduction des deux technologies que sont le téléphone et l'automobile a changé le travail des policiers du monde entier. L'enracinement dans un quartier, la collecte de l'information, les liens de confiance à construire : tout cela est devenu secondaire face à la priorité des priorités : arriver vite, mais trop tard.

Cette police a un nom : c'est «le modèle professionnel». En France, elle est favorisée par les contraintes économiques, la rationalisation des choix budgétaires des années 60, et débouche sur la construction de gros commissariats centraux depuis lesquels on gérera le couple téléphone-voiture.

La réactivité n'est pas consacrée seulement au niveau des gardiens de la paix. L'entourage du ministre, les directions centrales, évoluent dans la même galaxie. Leur horizon temporel ? Les deux prochaines heures. Leurs outils d'analyse, pour une force de 140 000 hommes, sont ridicules : les bilans d'activité de la police de la ville de Genève sont mieux faits que ceux de la police française. La sécurité publique, qui rassemble l'essentiel des agents de

1. Dominique Monjardet (2004).

147

police, est qualifiée de «gros corps avec une petite tête». La métaphore est parfaitement adaptée. Elle est d'ailleurs transposable à nombre d'administrations nationales: la crise de l'État est aussi une crise d'organisation. Dominique Monjardet a montré le sous-dimensionnement du centre, censé gérer plus de cent mille hommes sur des centaines de milliers de kilomètres carrés. Sa mission est d'autant plus insurmontable que, évoluant dans cette obsession de la réactivité, toutes les informations remontent des commissariats vers les directions centrales, provoquant une véritable asphyxie qui empêche de séparer l'essentiel de l'accessoire.

Veut-on connaître les violences urbaines?

La police a inventé le terme de «violences urbaines», nous l'avons dit. Le flou de l'expression pourrait être pallié par la précision des mesures d'analyse. Cependant, ce n'est pas le cas. Différentes mesures des violences urbaines se sont succédé dans le temps, mais l'urgence de l'heure pousse en permanence à casser le thermomètre. Chaque gouvernement a ses priorités, et tente de se démarquer du précédent, d'expliquer combien il innove et tranche avec le passé, que ce soit la «grande réforme» de la gauche ou la «culture du résultat» de la droite. Et, chaque fois, les outils d'hier sont jetés à la poubelle. Cet acharnement concerne non seulement la mesure des violences urbaines, mais également celle de la quantité de victimes dans la population: quand le gouvernement met sur pied l'Observatoire national de la délinquance (OND) en 2004, sa tentation est d'oublier les études qui ont été commencées par l'INSEE en 1996, de briser la continuité de l'outil au motif que l'OND a un mandat politique du ministre actuel pour cela! Saurait-on trouver meilleur exemple?

Oui, celui des violences urbaines. Non seulement on a cassé les thermomètres, au noble motif de les améliorer (conserver ou améliorer constitue un vrai dilemme), mais en plus on préfère un outil purement descriptif *a posteriori* à un outil qui permettrait d'anticiper. Les cultes de la statistique descriptive et de l'information qui remonte vite se combinent pour bâtir un système destiné à produire des chiffres une fois qu'il est trop tard et à les rendre disponibles à ceux qui ne les utiliseront jamais : les occupants des directions centrales, trop attachés à répondre aux commandes ultra-urgentes des cabinets des ministres.

Il existe bien des rapports d'analyse, rendus notamment par les renseignements généraux au ministre de l'Intérieur. Ils ont leur utilité, d'autant plus qu'ils forment souvent la seule source d'information disponible en France – pour le ministre, car, classés confidentiels, les détenir ou les diffuser constitue une infraction pénale depuis peu. Mais ils ne constituent nullement un outil quantitatif précis pour suivre des évolutions. Ce sont des rapports littéraires, qui rapportent des faits, proposent des analyses, parfois les plus pertinentes qu'on puisse trouver au sein de la police, mais qui peinent à mettre les faits en perspective sur une base quantitative fiable.

Le 29 mars 1991, à Sartrouville dans les Yvelines, une émeute éclate à la cité des Indes après le décès d'un jeune d'origine maghrébine tué par un vigile d'un centre commercial. La pression médiatique s'intensifiant, les questions du ministre à ses renseignements généraux deviennent plus pressantes : il faut qu'il ait des réponses à fournir aux journalistes. Nous avons déjà souligné l'importance pour les policiers de se montrer réactifs face aux demandes du ministre, et l'on découvre qu'elles-mêmes répondent à la pression des médias. Les RG commencent alors à bâtir leur propre outil pour pallier le vide créé par une décennie d'inefficacité dans ce domaine. Cette initiative traduit-elle une prise de conscience du ministre ou du directeur général de la police, qui comprennent enfin qu'il leur faut des outils pour anticiper les crises ? Le tout débouchant sur une mission officielle. Pas du tout : à l'époque, « pour la direction centrale, les violences urbaines n'étaient pas encore un objet identifié », explique Lucienne Bui-

Trong[1]. Yves Bertrand, l'adjoint du directeur des RG, sollicite de manière «très informelle» et «en toute confidentialité» l'ex-professeur de philosophie, qui travaille alors à la section «Villes et banlieues»[2].

La commissaire construit son outil en partant d'un constat de bon sens: les violences urbaines ne se produisent pas sans des phases préparatoires. On peut observer une gradation de la tension qui existe entre la police et un quartier, du vandalisme à l'émeute, on peut détecter des signes précurseurs. Ces phases sont donc répertoriées et classées selon une échelle de gravité. Plus on monte haut sur l'échelle, plus les risques sont grands de voir surgir une émeute. Les paliers des mauvaises relations entre la police et les cités sont gradués de 1 à 8. Aux niveaux 7 et 8, on est dans l'émeute classique, c'est l'explosion. Au-dessous, c'est le bouillonnement. La commissaire repérait, sur la base d'études de cas, les scénarios, ce qui semblait constituer des éléments déclencheurs des violences plus ou moins graves: un jeune d'un quartier défavorisé victime d'un drame qui éveille un réflexe de solidarité parmi ses pairs, l'émotion générant les rumeurs qui à leur tour peuvent provoquer une escalade et enfin déboucher sur des affrontements.

Dans la foulée, la cellule des RG chargée des «violences urbaines» est créée. Mais les autres services de police, et notamment la police urbaine, ne voient pas d'un bon œil cet empiétement des RG sur leur pré carré: les délinquants de quartier «sont à elle». En conséquence, la création de la cellule «violences urbaines» n'est pas annoncée dans les services territoriaux, les commissariats qui maillent le territoire. Il faudra amadouer le patron concurrent, le commissaire Broussard, qui se laissera convaincre lorsqu'il comprendra qu'il peut tirer avantage de ces rapports pour demander des moyens au ministre. Les premiers rapports ne remontent pas facilement la chaîne hiérarchique: la commissaire est obligée

1. Lucienne Bui-Trong (2000), p. 14.
2. *Id.*, p. 15-16.

de les passer de manière informelle par-dessus la tête de ses supérieurs pour leur donner une chance d'atteindre la direction générale ou le cabinet du ministre. La cellule qu'elle dirige est installée dans un préfabriqué au fond d'une cour du ministère de l'Intérieur ; elle n'est épaulée que par deux inspecteurs. Pas de secrétariat. Pas d'ordinateur ! Nous avons là au moins un outil de mesure vraiment parlant : les moyens qu'on lui accorde sont un indice indiscutable de l'intérêt qu'on porte à une mission.

Après les émeutes de Vaulx-en-Velin – on est en mai de la même année –, la cellule continue son travail avec très peu de moyens. Puis, le 15 juin 1991, une policière est écrasée à Mantes-la-Jolie. Le directeur des RG hésite à faire passer la note que vient de rédiger la commissaire au ministre de l'Intérieur, Philippe Marchand, «parce qu'il savait qu'elle allait déplaire[1]» : la note décrit la fréquence des violences urbaines, les tags anti-policiers, les attaques contre les forces de l'ordre, bref la République qui perd pied. Elle dénombre 105 quartiers touchés par les violences urbaines. Le directeur prend finalement le risque de transmettre la note, ce qui aboutira à la création de la «cellule de centralisation et d'évaluation du renseignement relatif au phénomène urbain». Cette nouvelle entité est dirigée par un conseiller technique du directeur général de la police nationale, elle coordonne les CRS, la police urbaine, la police judiciaire, la brigade de surveillance des chemins de fer. Fin juin 2001, au sein de cette cellule est créée la «section violences urbaines» où se retrouve Lucienne Bui-Trong avec ses deux collègues, sans ajout de personnel et toujours dans son Algéco, mais avec l'attribution d'un véhicule de fonction.

La section des RG, s'appuyant sur le maillage des fonctionnaires des RG au plan local, recense régulièrement dégradations et incidents. L'administration a un début d'outil pour évaluer les risques potentiels d'explosion dans les quartiers. L'échelle de gradation des incidents est validée par la hiérarchie et prend le nom de sa conceptrice.

---

1. *Id.*, p. 51.

Les RG recensent donc des faits qui rentrent aux différents niveaux de l'échelle (de l'insulte à l'attaque de commissariat). Or, on compte environ 3018 faits en 1992, 11049 en 1996 et plus de 28000 en 1999. À cette date, on abandonne ce mode de comptabilité jugé trop inflationniste pour un autre type de comptage. L'Observatoire de la violence urbaine est mis en place en 1999 par la direction centrale de la sécurité publique (DCSP) et la direction centrale des renseignements généraux. C'est une revanche de la sécurité publique sur les RG. Lucienne Bui-Trong, dans un entretien au *Figaro*, raconte : « En 1997, Jean-Pierre Chevènement a souhaité unifier notre système avec celui mis en place par la direction centrale de la sécurité publique. Dans le cadre de cette collaboration, j'ai produit un guide méthodologique sur le repérage et la saisie des faits. Les RG devaient fournir leur expertise scientifique. Les policiers en tenue, mieux implantés sur le territoire, devaient apporter le potentiel humain et technique pour le recueil des informations[1]. » Les hommes de la sécurité publique, et non plus des RG, recenseront eux-mêmes sur le terrain les faits significatifs en les intégrant dans une chaîne statistique (le système d'analyse informatique des violences urbaines, ou SAIVU) qui va permettre la production de courbes, de graphiques et de tableaux. De 106 points chauds identifiés en 1991, on est passé à 818 quartiers sensibles en 1999, dispersés sur tout le territoire. En 2001, le SAIVU affiche 50000 faits, soit entre une fois et demie et deux fois le nombre de faits trouvés par les RG, chiffre jugé trop élevé par le cabinet du ministre.

Au printemps 2000, le SAIVU est suspendu par le directeur de la police nationale, Patrice Bergougnoux : la délinquance générale augmente, les violences urbaines aussi. Le directeur décide que plus aucun graphique ou tableau ne sera édité. La machinerie nécessaire à la collecte reste intacte. Il n'y a qu'un mot à dire pour que les résultats sortent de nouveau. Mais Nicolas Sarkozy, lors-

1. *Le Figaro*, 1er février 2002.

qu'il arrive aux commandes en mai 2002, ne juge pas utile de se pencher sur la question des banlieues. Ignorer le problème lui va bien. De sorte qu'on ne peut plus savoir si les violences collectives augmentent ou diminuent. Comme l'explique Lucienne Bui-Trong, l'usine à chiffres est en état de marche, simplement la production passe directement à la poubelle ou n'intéresse personne : « Le plus étonnant est que, partout en France, les services de police impliqués dans le SAIVU continuent de collecter des informations brutes qui ne sont même plus analysées à Paris. L'outil de prévision que certains appellent aujourd'hui de leurs vœux existe bel et bien, mais on préfère le ranger dans un placard. D'où l'incroyable hypocrisie du discours ambiant sur la nécessité de mieux mesurer la délinquance [1]. » Quelques directions locales comme Strasbourg, Metz, Nancy ou Mantes-la-Jolie, qui voulaient garder un outil de prévision, ont continué à utiliser le même système jusqu'à l'ordre définitif qui leur a été donné, en juin 2004, de cesser tout enregistrement sur cette base.

Décrire ou prévoir ?

Entendons-nous bien. Il ne s'agit pas de blâmer le seul gouvernement actuel : il n'a pas inventé le fonctionnement réactif de la police, son rapport avec l'information et la centralisation. Mais il n'a pas non plus tenté de réforme de fond pour résoudre les problèmes. Lorsqu'un politologue décrit un système, il arrive – souvent – que les gens qui occupent des fonctions dans cette organisation prennent les critiques pour des attaques personnelles : ils confondent la mise au jour de la logique d'un système défaillant, voire insatisfaisant ou simplement perfectible, avec une mise en cause de leurs intentions individuelles. Mais les faits sont là. La direction centrale de la police nationale, sous l'autorité de Michel

---

1. *Id.*

Gaudin, a, une fois de plus, constaté que l'outil de mesure des violences urbaines n'était pas pertinent. Et, une fois de plus, tenté de le changer.

En 2004, le constat est le suivant : aucune administration ne compte les faits de la même façon ; la police et la gendarmerie sont, plus de vingt ans après les premières émeutes, toujours dépourvues d'un outil statistique commun. De plus, le comptage n'est pas le même en banlieue parisienne et à Marseille. Une mission prépare l'élaboration d'un nouveau baromètre. La focale est très significative : pour le gouvernement, il s'agit avant tout de disposer d'un outil descriptif qui couvre le territoire national d'une manière homogène. L'idée n'est pas de construire des instruments efficaces au plan local, qui permettraient aux directeurs départementaux de la sécurité publique ou aux préfets d'agir plus efficacement et d'anticiper. Il s'agit, toujours et encore, de savoir compter *a posteriori* au niveau central.

Le choix de la description plutôt que de l'analyse et de l'anticipation est donc retenu au mois de septembre 2004, un an avant les émeutes de 2005. Il n'est certes pas présenté en ces termes, on annonce au contraire qu'il s'agit de reconstituer un outil d'analyse fiable des violences urbaines, pour permettre une réelle évaluation des politiques engagées... Pourtant, même dans cet objectif d'analyse purement rétrospective, on est en droit de s'interroger sur la pertinence du dispositif : ces tableaux de bord statistiques avec des compteurs montrant des valeurs qui augmentent ou qui diminuent ne forment pas pour autant des outils qui permettent d'analyser l'efficacité d'une politique publique. Ce n'est pas parce que la délinquance a augmenté pendant des dizaines d'années que mettre les dangereux criminels en prison n'était pas une mesure efficace. Et ce n'est pas parce que la délinquance diminue que la politique annoncée en est responsable : nombre d'autres facteurs peuvent en être à l'origine. Évaluer une politique suppose de construire un protocole rigoureux d'évaluation, comme lorsqu'on veut connaître l'efficacité d'un médicament sur une pathologie.

Depuis le mois de mai 2004, un groupe de travail réunit régulièrement policiers et gendarmes au niveau central pour définir de
nouveaux indicateurs. Jean-Marc Leclerc, journaliste au *Figaro*,
dévoile une partie du dessous des cartes : « On connaît déjà le
cahier des charges, [lui] assure un connaisseur. La direction générale de la police nationale et ses partenaires devront faire moins
empirique que l'échelle Bui-Trong et moins sensible que le
Saivu [1]. » Il a aussi interrogé à l'époque le commissaire Serge
Rivayrand, conseiller technique de M. Gaudin à la DGPN et animateur du groupe de travail : « Sur les violences urbaines, il n'y a
aucun calage, ni juridique ni statistique. » Le conseiller explique la
chose suivante à partir de l'exemple des incendies de véhicules.
Les pompiers ne comptabilisent qu'un feu, même si ce premier
incendie s'est propagé à cinquante autres véhicules : l'unité de
compte est formée des « départs de feu ». La gendarmerie compte
plus large que la police, qui opère un tri pour écarter ce qu'elle
considère comme des incendies relevant de la vengeance, visant à
escroquer les assurances ou à maquiller les traces d'empreintes qui
peuvent se trouver dans le véhicule s'il a servi à commettre un
casse ou un rodéo. Il y a une certaine dose d'interprétation à
chaque fois et des protocoles hétérogènes. La même logique pré-
vaut pour d'autres actes : tandis que la gendarmerie recense largement les faits, du tag hostile aux attaques de policiers, la direction
centrale de la sécurité publique, depuis 2003, ne retient désormais
que « les actions collectives à force ouverte contre la police ou les
institutions ». Les petits « caillassages » sortent du comptage, tout
comme les affrontements entre bandes n'ayant pas pour origine la
défense ou l'appropriation d'un territoire (ou étant supposés tels).
Par voie de conséquence, des actes sont différemment comptabilisés
suivant l'administration qui les compte. Autrement dit, ce nouvel
outil bâti pour permettre une uniformisation des statistiques, au prix
de l'abandon des outils précédents, n'a rien uniformisé du tout.

1. *Id.*, 21 octobre 2004.

La nouvelle mesure INVU (indicateur national des violences urbaines) ne semble pas donner satisfaction à ceux-là mêmes qui l'ont imposée. Il y a déjà des velléités de revoir l'outil. Après à peine un an d'existence, va-t-on nous sortir un «INVU 2»? La réponse est «oui». Fin décembre 2005, la direction centrale de la sécurité publique indiquait qu'«il était nécessaire d'y apporter des éléments complémentaires[1]».

Au niveau du terrain, les responsables des renseignements généraux sont loin d'avoir ne serait-ce que le temps disponible pour dresser leurs bilans locaux systématiques. Mais la volonté de savoir est-elle là? On n'ose pas aborder en public les problèmes que deux cents rioteux ont pu poser à la police nationale, alors qu'ils s'étaient à peine concertés la veille, comme c'est arrivé dans le quartier de la Madeleine à Évreux. L'épisode du rapport de la direction centrale des RG indiquant que les émeutes n'avaient pas été planifiées, contredisant ainsi les déclarations publiques du ministre, n'a rien arrangé : le service chargé de l'intelligence, comme disent nos amis britanniques, dégage une odeur de soufre.

Dans ce capharnaüm, il y a quand même de bonnes surprises... Pendant que la direction générale recherche la mesure parfaite, qui soit à la fois précise et acceptable politiquement, les directeurs départementaux font eux-mêmes leurs calculs et analyses de la délinquance sur des tableurs, avec de petits ordinateurs et les moyens du bord. La généralisation du bricolage est probablement la voie de l'avenir : elle permet de fabriquer des outils opérationnels qui sont utiles aux policiers de terrain. N'est-ce pas l'essentiel en matière de suivi et d'anticipation des événements ?

La faible prise en compte des banlieues comme terrain spécifique par les directions successives de la police nationale est frappante. Cela ne signifie pas que les responsables plus proches du terrain sont sourds et aveugles. Mais les directions parisiennes,

1. Note de service du 19 décembre 2005.

plus proches du pouvoir politique, sont beaucoup plus soumises à des choix ou à des orientations éloignés des questions de police au sens technique. Des affrontements politiques ont lieu en coulisse : le bon modèle de police est celui qui permet de tirer des bénéfices électoraux à court terme. Si les banlieues dérangent, mieux vaut les oublier et envoyer quelques forces mobiles y faire de la « sécurisation ».

Le désintérêt pour les banlieues, malgré l'impulsion de la police de proximité voulue avant tout pour les zones difficiles en 1997, va se manifester dès 2000, avant le retour de la droite au pouvoir. Il se poursuivra après. Les violences urbaines seront péniblement identifiées politiquement à la fin des années 80. Les outils de mesure seront régulièrement détruits et jugés inutiles, voire nuisibles, sous la gauche, puis sous la droite. Au bout de vingt-cinq ans, les progrès sont marginaux. Privée d'yeux pour voir loin, d'oreilles pour entendre, la direction générale de la police subit les événements. Le modèle d'une police qui réagit plutôt qu'elle n'anticipe renaît de ses cendres après chaque crise. Effectivement, on échoue dans ce pays à changer un système qui ne marche pas.

Chapitre 8

La police dans la tourmente

Je veux dire l'ambiguïté du travail policier dans les démocraties, où l'on veut que la police soit partout et nulle part, réponde vivement mais en douceur. Un agent l'exprimait anonymement sur Internet : «Quand la police bouge, on parle de provocation policière/Si elle sort ses tonfas [les bâtons qu'utilisent les policiers], on parle de dérive policière./Si elle ne bouge pas, on parle de complot. Quand elle fait son travail, elle se prend des pavés sur la tronche.» Cette difficulté est décuplée pendant les périodes de crise intense.

La gestion des émeutes de 2005 se caractérise par un grand professionnalisme des policiers engagés. L'action répressive de terrain, après une phase incertaine, a été menée de manière prudente, à la fois offensive et contrôlée. L'objectif était de punir autant que possible, autant que la loi le permettait, d'interpeller sans état d'âme. Il fallait en même temps ne pas faire de victimes dans la population et éviter d'exposer inutilement les policiers de terrain. Ce défi a pourtant été presque entièrement relevé en dépit des fourvoiements, des conflits fratricides au sommet de l'État. Aucun mort n'est à compter à l'actif de la police, et, à une époque où la technologie fait de chacun un journaliste potentiel, une unique affaire de violence policière a donné lieu à des poursuites judiciaires. Il ne faut pourtant pas tout mélanger. Comparativement aux États-Unis, les émeutes font certes moins de dégâts et surtout moins de morts. Cela tient à la place de paratonnerre de la police dans les violences urbaines, différente de celle de «casque bleu» joué lorsque les troubles sont interethniques. Lorsque les rioteux s'en prennent mutuellement les uns aux autres, qu'il s'agisse des personnes ou des voitures ou magasins, la police ne peut pas protéger chaque membre d'une minorité contre l'autre. Les victimes sont alors nombreuses. En France, la violence est polarisée sur les forces de l'ordre, qui disposent d'équipements pour se protéger et tenir les émeutiers à distance. En conséquence, on compte des blessés (mais aucun mort) dans leurs rangs. Si les émeutiers avaient voulu s'en prendre plus systématiquement à d'autres individus ou communautés, le bilan aurait été tout autre. Le seul décès enregistré en France est une personne qui a été agressée par les riotteurs. Et il aurait pu y en avoir d'autres, comme la personne handicapée qui s'est trouvée prise dans un bus incendié. Le «bon bilan» en terme de décès n'est pas lié à la nature de l'intervention policière ou à son mode de commandement mais à la nature de l'émeute.

La police française a donc cherché à éviter le pire. Dans le même temps, d'importantes méprises ont été faites dans les stratégies et tactiques du ministère de l'Intérieur. Les choix effectués par les hauts fonctionnaires et dirigeants politiques méritent d'être méticuleusement questionnés : la doctrine de la police réactive n'aura pas permis de dégonfler la crise et les cafouillages initiaux auront pesé très lourd sur la diffusion des émeutes.

1. Les erreurs initiales coûtent cher

J'ai indiqué au chapitre 6 comment la valorisation de la réactivité et de l'action qualifiait la police de terrain. Pour reprendre une phrase d'un jeune agent de la BAC: «Je suis là pour apprendre mon métier, et j'arrive maintenant à le considérer comme un jeu : celui d'attraper le plus de voyous possible.» Au chapitre 7, j'ai rappelé comment cela s'appliquait également à l'état-major national, avec une nuance : les appels d'urgence ne sont pas ceux du public mais du cabinet du ministre ou d'un directeur de service. Au moment des émeutes d'octobre 2005, la traduction concrète de ce fonctionnement sera un effet de surprise, accompagné d'une sous-estimation de la gravité des faits.

Cette surprise, les chefs de la police au plan national s'en sont à peine cachés, pour qui sait lire entre les lignes. Au journal *L'Express*, ils déclarent en substance que deux phénomènes ont frappé les policiers : la spontanéité des émeutes et leur propagation éclair[1]. Le nombre et la violence des émeutiers ont étonné, souligne Philippe Laureau, directeur central de la sécurité publique : la police ne s'attendait ni à des émeutes à ce moment ni à ce qu'elles se propagent. Nul autre ne s'y attendait d'ailleurs. Le directeur général de la police nationale déclare pour sa part : « Un plan de lutte contre les violences urbaines avait été élaboré le 26 juillet. Nous avons dû l'accélérer en quelques jours[2]. » Traduit du vocabulaire administratif en langage courant, cela signifie que la police n'était pas prête.

Surprise et désorganisation

La surprise se lit aussi bien en haut de la hiérarchie qu'en bas. En bas, elle est liée au degré de violence des émeutiers. Pour les policiers de terrain, la brutalité à laquelle ils sont confrontés est terrible. Les rapports des renseignements généraux donnent le sentiment d'un excès de violence permanent. Quand un rioteux tire à bout portant sur un véhicule occupé par deux agents, quand quelques-uns attaquent des policiers à coups de pioche sur la tête, quand les émeutiers jettent sur les forces de l'ordre des cocktails

1. *L'Express*, 24 novembre 2005.
2. *Id.*

Molotov, c'est à la vie des hommes qu'on en veut. Ce n'est pas encore la guerre, mais la distance qui nous en sépare devient plus mince. Les exagérations dans la présentation des événements par le ministère de l'Intérieur ou les médias, comme lorsqu'une planque à cocktails Molotov est assimilée à une petite usine, ne doivent pas nous détourner de la réalité : pour certains, il s'agissait de tuer. Cette dimension des émeutes est aujourd'hui la moins connue et la moins analysée. Elle reste cependant, pour ceux qui l'ont vécue, comme un tournant : un signe de radicalisation perçu par les policiers en uniforme, une expérience de vie pour les agresseurs, un bagage pour le futur.

La surprise se lit également dans les signes d'impréparation qui transparaissent au début de la crise. Les responsables de la police nationale ont beau expliquer que, depuis 2004, ils se préparent à ces violences urbaines, et à pratiquer plus d'interpellations pendant leur déroulement, l'observation des premiers jours nous livre un autre portrait. À Clichy, la police se met en ligne, se sent débordée et tire des grenades en masse, comme sur une manifestation classique qu'on veut disperser. Le 28 octobre, les CRS se retrouvent face à 400 personnes hostiles, c'est le début de la révolte urbaine. Au cours de la nuit, les agents tirent plus de 150 munitions flash-balls, des projectiles non mortels, et plus de 300 grenades. « Nous avons eu chaud, car les effectifs, ce soir-là, étaient un peu justes », confie un responsable de la sécurité publique à *L'Express*[1]. Effectivement, 300 grenades c'est un peu plus du tiers du nombre total tiré jusqu'au 17 novembre, soit 882.

Mais, ce ne sera pas la fin des déconvenues des policiers sur le terrain. Je me suis longuement étendu sur l'épisode du quartier de la Madeleine à Évreux. La police a été tellement malmenée que Frédéric Auréal, le commissaire en charge, a été reçu le dimanche à Matignon pour informer Dominique de Villepin des violences de la nuit dans l'Eure, rappelant comment des « groupes préparés,

1. *L'Express*, 3 novembre 2005.

structurés, armés», avaient attaqué les forces de l'ordre «avec des pioches, des boules de pétanque, de multiples jets de cocktails Molotov». Un témoin des faits s'étonnait de l'absence d'équipements, notamment de bouclier, des fonctionnaires. Il semble que cette question ne concerne pas seulement la sécurité publique à Évreux, mais aussi les CRS ailleurs. L'un d'entre eux se confiait à un journaliste : «Hier soir, [...] on a manqué de casques. Les casques sont à dotation collective. Pas individuelle. [...] Je ne vous cache pas que des collègues hier soir dans l'Essonne ont eu des problèmes de désengagement. On a des grenades spécialisées dites "de désengagement" très particulières, elles sont en nombre insuffisant. Et il y a des collègues qui n'ont plus été approvisionnés en grenades et qui ont relancé des cailloux» sur les émeutiers[1]. Les grenades manquantes sont en plastique et ont un fort effet de souffle. Par ailleurs, la mobilisation de larges effectifs de la sécurité publique, faite avec retard, se heurte au manque de logistique. Alors que les CRS sont équipés pour être projetés en tout point de territoire, les gardiens de la paix manquent de soutien arrière, de permanences, de voitures de commandement, de systèmes d'approvisionnement en munitions non létales par exemple ou en casques et boucliers.

En ce début d'émeutes, l'épidémie n'est pas encore déclarée. Mais déjà les moyens pour l'éteindre et la connaissance du terrain ne sont pas suffisants. La tactique est inappropriée, le matériel manque, la logistique fait défaut. Mais ce n'est pas tout. La coordination entre les forces ne se fait pas bien et les renforts n'arrivent pas.

L'incident de la grenade lacrymogène tombant à proximité d'une mosquée est typiquement une conséquence de cette mauvaise connaissance du terrain. Des policiers sont pris à partie, ils reçoivent des projectiles, ils répliquent par des tirs de grenades, sans même savoir qu'ils sont à proximité d'un lieu de culte, le bâti-

1. *Le Point*, n° 1730, 10 novembre 2005.

ment étant parfaitement banal. Une unité de police qui aurait connu la ville aurait probablement évité l'incident, incident qui a joué un rôle important dans la relance des émeutes.

Les jeunes commissaires en charge ont été dépassés par les événements. En dépit de leur formation qui inclut une phase pratique de gestion des violences urbaines, ils découvraient la situation grandeur nature, assortie d'affrontements et d'incendies. Une commissaire voit sa voiture partir en fumée, signe que l'anticipation de la virulence, de la localisation et du déplacement des riotteurs n'était pas tout à fait au point. La coordination entre les effectifs de CRS, de sécurité publique spécialisés dans le maintien de l'ordre, et les renseignements généraux et la police judiciaire est absente ou incomplète. D'ailleurs les moyens matériels de la coordination n'existent pas : la communication directe par radio n'est pas prévue, il faut repasser par un poste de commandement commun[1].

Les policiers ne sont pas en nombre suffisant et, à ce moment-là, il s'agit d'une pénurie due non pas à la couverture territoriale des émeutes, qui est encore limitée, mais à la gestion de l'information. Les besoins sont évalués en calculant les forces qui auraient été nécessaires pour couvrir les événements de la veille. Or, la progression est soudainement exponentielle : les destructions progressent en flèche. Les informations que les élus locaux obtiennent, et qui prévoient un déplacement vers le centre-ville, comme à Aulnay, ne font pas réagir la direction départementale de Bobigny. Nous avons vu, dans l'exemple d'Évreux, que les émeutiers annonçaient leurs intentions, ce qui a été le cas dans d'autres communes. La proximité du maire lui permet de disposer d'informations essentielles qui font défaut à la police nationale. Il n'en est pas tenu compte. Les informations que les médiateurs de la ville d'Aulnay tentent de transmettre *via* la municipalité ne sont pas utilisées : elles sont prises avec circonspection, jugées douteuses. En l'absence

---

1. Cette solution technique n'a d'ailleurs pas que des inconvénients, notamment dans les villes à fort trafic radio, où il serait impossible d'entendre l'ensemble des communications simultanément.

d'une insertion locale, la police nationale est à la peine pour utiliser intelligemment le renseignement.

À ces problèmes s'ajoute une erreur d'appréciation. Un match de football doit opposer Lille et Manchester au stade de France, à Saint-Denis, le soir du mercredi 2 novembre. La sécurité des grandes manifestations est une fierté des pouvoirs publics français, un savoir-faire de la police nationale. Les forces de sécurité sont donc mobilisées sur cet événement, avec un effectif d'environ 800 agents. Non seulement ces forces sont prélevées sur les effectifs de policiers dans les commissariats, mais les commissaires sont également réquisitionnés. Alors qu'une nette dégradation de la situation a été observée entre le 31 octobre et le 1er novembre, que les communes d'Aulnay, du Blanc-Mesnil, et de Sevran, Bobigny, Bondy, Clichy, Neuilly-sur-Marne et Montfermeil sont toutes en proie à l'agitation, le soir du 2 novembre, il ne reste plus qu'un commissaire sur trois circonscriptions hautement explosives dans le seul département qui est déjà en feu. Les responsables pensent-ils que le football va distraire les esprits, que les risques de dérapage dans le stade sont plus importants ou que les émeutes ne sont pas si graves ? Il est difficile de le savoir. Forts de leurs informations, les élus locaux demandent des effectifs, à Aulnay ou à Bondy. Mais à Paris tout le monde raisonne dans un schéma connu : après l'explosion, vient la baisse de pression.

L'hypothèse selon laquelle les effectifs de police seraient de nouveau disponibles après le match pour intervenir la nuit était certes réaliste. Mais les émeutes se relancent toujours en fin d'après-midi. Cela a été montré depuis plus de vingt-cinq ans par les études les plus précises. Déjà les travaux de Burbeck, Raine et Stark, publiés en 1978 dans une revue de sociologie mathématique, l'avaient indiqué, en soulignant même l'étrangeté de cette régularité de métronome[1]. Peut-être ce type de travaux n'est-il pas assez

1. S.L. Burbeck, W.J. Raine et M.J. Stark (1978).

sérieux pour être pris en considération, et préfère-t-on organiser des séminaires sur l'insuffisant fondement juridique de la notion de violences urbaines ? Le dédain vis-à-vis des sciences humaines et leur présumée inutilité pour la police ne devraient-ils pas être revus ?

Quoi qu'il en soit, à 18h30 les violences urbaines redémarrent. Les 80 policiers et gendarmes qu'on a pré-positionnés à Aulnay ne feront pas le poids, d'autant qu'il faut utiliser une bonne partie des effectifs pour protéger les pompiers. Rien qu'à Aulnay, on compte de nombreux points de fixation, neuf au moins. La police est dépassée. Il en va de même dans les autres communes touchées. Cerise sur le gâteau des émeutiers : les forces mobiles, qui ne connaissent pas leur terrain d'action, perdent beaucoup de temps, sont prises de vitesse par les riotteurs, quand elles ne s'égarent pas purement et simplement dans la ville. Ici, les gendarmes mobiles se rendent dans la bonne rue, mais dans la mauvaise commune. Là, il leur faut avec leurs véhicules trente minutes pour relier un point à un autre du quartier Ambourget à Aulnay, quand les jeunes, à pied, en mettent cinq. De nouveau la jeunesse, le manque d'expérience et la méconnaissance du terrain forment le terreau d'erreurs répétées. C'est dans cette même fin d'après-midi du 2 novembre que les émeutes prennent toute leur extension dans le département de la Seine-Saint-Denis : il se produit cette nuit un saut quantitatif dans le nombre de voitures brûlées qui passe d'environ 80 à 220, presque le triple. On atteint une masse critique qui renforce le caractère contagieux des émeutes et permet son extension.

Coordination tardive sur le terrain, affrontement au sommet

Devant cette situation chaotique, la Place Beauvau tente d'unifier l'action et les discours des différents étages du gouvernement, local et national, et cherche en même temps à constituer une coordination plus opérationnelle ainsi qu'à changer la tactique de maintien de l'ordre. En conséquence, des ajustements ont lieu, mais sans avoir l'efficacité que le gouvernement leur prête. En revanche, le savoir-faire en matière de maintien de l'ordre, c'est-à-dire de gestion des manifestations ou de rassemblements protestataires, est une base solide sur laquelle les policiers peuvent s'appuyer. Ils seront engagés dans un milieu hostile et un peu à contre-emploi, mais ne commettront aucune faute sérieuse, même sous le feu des rioteux.

Le 1er novembre, Nicolas Sarkozy tient une réunion nocturne qui rassemble une trentaine de fonctionnaires, d'élus et de jeunes de Seine-Saint-Denis. «Il s'agit d'unir les efforts de toutes les parties intéressées pour faire revenir le calme dans les banlieues concernées», indique-t-on au ministère. Le ministère de l'Intérieur bat le rappel, et les fonctionnaires en congés ou repos les interrompent spontanément pour une large partie d'entre eux. Presque tous les services sont présents. Les réservistes de la police sont mobilisés. Un début de coordination s'établit.

Au plan local, une cellule de crise est constituée autour du préfet, avec les RG, la police judiciaire, la gendarmerie nationale, les transporteurs publics, le procureur. Les commissaires sont chargés du lien avec les maires. Les préfectures d'Île-de-France sont mises en réseau. Ces efforts se traduisent tout de suite par une meilleure communication entre services. Corrélat négatif, cependant, la communication externe est «bétonnée» (globale et centralisée, elle ne permet pas de vérification).

De leur côté, les rioteux modifient leur façon d'agir et abandonnent le contact violent et massif pour des embuscades légères et des dégradations nombreuses. En réponse, les policiers changent de tactique. La matraque ou le gaz lacrymogène sont, sinon remisés, du moins combinés avec l'interpellation. Le maintien de l'ordre ne revient plus à contenir la foule ou à la disperser, ce qui n'a pas de sens dans ce contexte. Les unités de CRS sont désormais fragmentées en petites équipes pour pouvoir se saisir de certains émeutiers. «Nous avons vite décidé de ne plus entrer dans leur jeu et d'interpeller les auteurs, explique Christian Lambert, directeur des CRS. À partir du 4 novembre, nous avons constitué de petits groupes très mobiles, de deux à six fonctionnaires, capables d'encercler les incendiaires[1].»

Il est trop tard. Ces différentes mesures n'empêchent pas le feu de s'étendre à toute l'Île-de-France puis à tout le pays. Les effectifs arrivent après la bataille. La police judiciaire se mobilise plus d'une semaine après le début des événements.

L'apport de la police judiciaire est précieux mais pose problème. La PJ vient mener ses enquêtes, apportant avec elle des techniques de police scientifique et d'investigation. «J'ai demandé à ce que les affaires en lien avec les cités soient traitées en priorité», indique Martine Monteil, directrice de la police judiciaire. Le couplage des dispositifs d'ordre public et ceux de police judiciaire portent ses fruits : des personnes sont interpellées, certaines le cocktail Molotov à la main[2]. Cependant, les réponses judiciaires sont loin d'être toujours adaptées. Les unités sont mal protégées et très exposées, manquent de connaissance du terrain local et ne doivent qu'à la chance de ne pas avoir été touchées par les émeutiers. En attendant, le travail de la sécurité publique est compliqué par l'intervention de la PJ, dont il faut protéger les agents (ou même du RAID[3]) pour qu'ils puissent se déplacer dans les quartiers sensibles, un peu comme on le fait pour les pompiers. Les services qui ont appris à travailler dans les quartiers sensibles

---

1. *L'Express*, 24 novembre 2005.
2. Ainsi, par exemple, le lundi 14 novembre, plus de 60 suspects ont été appréhendés à la suite des violences. Les empreintes digitales ou des traces d'ADN de 14 d'entre eux avaient été retrouvées sur des bouteilles et des projectiles. Voir le dossier de *L'Express*, 24 novembre 2005.
3. Le RAID (Recherche assistance intervention dissuasion) est une unité d'élite de la police nationale. Fondé en 1985, il est compétent sur l'ensemble du territoire de la République. Son rôle est d'agir dans les situations de crise, du type prise d'otage, forcené ou arrestation de malfaiteur à haut risque, mais aussi dans la lutte antiterroriste et dans ce cadre, de procéder à des opérations de filature, d'observation et de renseignement sur les individus ou des groupes susceptibles de se livrer à des actions terroristes sur le territoire français.

LE FRISSON DE L'ÉMEUTE

sont le plus souvent issus de la sécurité publique ainsi que les CRS fidélisés au plan départemental, c'est-à-dire spécialisés pour faire de la présence dans ces espaces.

Au plus fort des émeutes, dans la soirée du 7 au 8 novembre, Nicolas Sarkozy, accompagné de tous les directeurs de la police, se rend à Bobigny. Le directeur central de la sécurité publique se dit satisfait de pouvoir engager 5 000 hommes, ce qui porte le total à 7 700 en comptant les forces mobiles (quand la police et la gendarmerie comptent près de 240 000 agents et la sécurité publique plus de 80 000 à elle seule). Mais dans une crise comme celle-là, cela ne suffit pas. L'ambiance est électrique et angoissante. Le ministre, livide, sent probablement qu'il ne peut rien faire de plus. Il répète, un peu mécaniquement, quelque chose comme : « Vous êtes devenus policiers parce que c'est dur et que vous aimez l'action, vous y êtes. » Sur LCI (la chaîne infos), les chiraquiens lui tirent le tapis sous les pieds, l'accusant d'être un pyromane, tandis que les nouvelles confirment que l'embrasement du pays semble incontrôlable. Le ministre entame dans la soirée et jusqu'au matin une tournée des lieux les plus chauds pour soutenir ses personnels. 1 400 voitures brûlent durant cette seule nuit.

Je ne veux pas traiter ici en profondeur des conflits au sommet de l'État, mais simplement dire qu'à ce stade des événements, si la dimension opérationnelle progresse, au niveau institutionnel il en va autrement. Le Premier ministre, Dominique de Villepin, est occupé à reprendre la main, aidé par le président de la République, contre son rival, Nicolas Sarkozy. Alors qu'au début de la crise la pagaille règne au niveau du terrain, c'est au gouvernement que la discorde s'installe ensuite.

La gauche sent l'opportunité et veut passer à l'offensive. Dès le 2 novembre, le bouillant Arnaud Montebourg réclame la démission du ministre de l'Intérieur. Il est rejoint, jeudi 3, par André Vallini, secrétaire national chargé de la justice et de la sécurité : « Trois ans et demi après son arrivée Place Beauvau, l'échec de

M. Sarkozy est aujourd'hui total. Il doit donc en tirer les leçons et, s'il a le moindre sens de la dignité, il doit démissionner[1].» En revanche, Julien Dray, porte-parole du PS, rédige un communiqué dans un sens tout différent: «Réclamer sa démission, ce serait dire aux casseurs qu'ils ont raison.» Il est soutenu par Manuel Valls, député maire socialiste d'Évry: «On n'a pas besoin d'une crise politique[2].» La division règne au gouvernement, et pareillement au PS. En pleine crise, les intérêts particuliers sont exacerbés.

Pour ne rien arranger, les autorités ont de nouveaux sujets de préoccupation: Paris pourrait être menacé. Le 6 novembre, plusieurs informations laissent penser que Paris peut brûler[3]. La presse indique que «les violences semblent avoir atteint Paris, où 22 voitures incendiées étaient recensées à 3h30 par la DGPN. La préfecture de police ne faisait état en fin de soirée que de 4 voitures brûlées par un incendie "d'origine indéterminée" rue du Puits dans le IIIe arrondissement, près de la place de la République.» Des voitures brûlées sont signalées dans les XIIIe, XIXe, et XXe arrondissements, ont déclaré les services de la voirie à des journalistes d'Associated Press Television News (APTN). L'État-major des sapeurs-pompiers confirme que des interventions sont en cours dans la capitale sur des véhicules incendiés, sans donner plus de précisions. Les notes des renseignements généraux alertent aussi le gouvernement sur les menaces très sérieuses qui planent sur Paris.

De surcroît, le 7 novembre, un amateur filme un policier en train d'agresser, à coups de poing et de pied, un jeune homme à terre, à La Courneuve, en marge des émeutes. L'agent fait partie d'un groupe de cinq gardiens de la paix qui seront mis en examen

---

1. *Le Point*, n° 1730, 10 novembre 2005, p. 30.
2. *Ibid.*
3. Voir *Le Nouvel Observateur* en ligne: http://archquo.nouvelobs. com/ cgi/ articles ?ad=societe/20051106. OBS4315.html&host=http ://permanent.nouvelobs.com

dans cette affaire[1]. La tension est immédiate entre le gouvernement et les syndicats de police. Les policiers du département menacent de n'assurer qu'un service minimum. L'agent incriminé sera incarcéré une semaine plus tard et presque aussitôt libéré[2].

C'est dans ce contexte de tensions de tout ordre, et d'épidémie émeutière, que le Premier ministre, en accord avec le chef de l'État et après consultation des juristes, prend la décision d'autoriser le couvre-feu. La mesure est annoncée le 8 novembre, avec un effet quasi immédiat.

2. La police est démunie

Les premières raisons sont évidentes ou déjà évoquées précédemment : la police n'a pas de boule de cristal ; et, sans évoquer de surnaturels moyens, elle a une propension à détruire ses instruments d'analyse des violences urbaines, ce qui ne l'aide pas lorsque des choix urgents doivent être faits. Les autres raisons demandent à être plus longuement commentées.

Mobilisation nationale tardive, démobilisation locale

Pourquoi donc la police n'a-t-elle rien vu venir ? D'abord parce que l'idée que le peuple ne peut être compris, qu'il est irrationnel, que ses réactions sont disproportionnées, imprègne le discours des

---

1. Selon l'AFP, lundi 14 novembre 2005, 23 h 18 : « Le gardien de la paix placé en détention provisoire a été rapidement remis en liberté. Un autre policier a également été suspecté d'être l'auteur de coups. Soupçonnés d'avoir rédigé un faux procès-verbal d'arrestation pour maquiller la bavure, ils sont également poursuivis, avec un troisième policier, pour "faux commis en écriture publique ou authentique". »

2. À la suite de l'incarcération du policier, vendredi 11, le syndicat Alliance 93 avait indiqué que les policiers de Seine-Saint-Denis s'étaient mis en « service minimum » à son appel.

élites ou de leurs informateurs, y compris, sur ce point, les RG. Ce trait n'a rien de contemporain. Les émotions populaires sont, de l'avis des historiens, toujours un souci pour les préfets et policiers. L'historienne Arlette Farge en faisait déjà la remarque, concernant le Paris populaire du XVIIIe siècle et les soucis que le maintien de l'ordre causait aux préfets de l'époque. Il existe bien des dynamiques de foule, des processus par lesquels les individus semblent basculer dans un comportement imprévisible et radicalement nouveau. Mais, les sociologues des protestations collectives et des agitations urbaines ont montré dès les années 60 qu'il existait des rationalités à ces phénomènes et écarté l'idée d'un comportement aléatoire des foules. On devrait plutôt dire que l'incompréhension qui demeure entre la population et les représentants du pouvoir se traduit par l'attribution d'un caractère irrationnel à la foule. En réalité, il reste à démontrer que le comportement d'une foule est plus irrationnel que celui d'un conseiller ou d'un ministre. Ce que veulent dire les hauts fonctionnaires, c'est qu'ils ne savent ni comprendre de tels mouvements ni les anticiper.

Ensuite, parce que chaque crise est traitée comme un fait unique, un événement isolé. Les émeutes ne sont jamais censées révéler un malaise massif et croissant, une tension entre les minorités et la police. La direction de la sécurité publique s'enferme dans ce déni des réalités[1]. Le jugement selon lequel les émeutiers sont des délinquants, largement fondé d'ailleurs, occulte les questions plus larges. Une approche globale du rôle de la police en banlieue n'est toujours pas envisagée. Elle est rendue improbable parce que les différents services de police (RG, CRS, sécurité publique, PJ) ne sont unifiés formellement qu'à Paris dans la direction générale de la police. Localement, il n'y a pas de chef commun à tous les services, et donc peu d'analyse transversale ou de coordination. Il n'y a pas non plus de liens forts de confiance avec les autres orga-

---

1. Ce que montrent, par exemple, ses interventions lors de la journée d'études du CSO-CEVIPOF « Les violences urbaines de novembre 2005, le temps des analyses », Sciences-Po-Paris, le 21 février 2006.

nisations qui opèrent localement (département et commune notamment). La police est fragmentée et isolée. Elle a d'autant moins besoin des autres que sa haute hiérarchie lui attribue le pouvoir magique de traiter à elle seule la délinquance.

Le petit capital d'analyse, péniblement construit depuis les émeutes de Vaulx-en-Velin au début des années 90, a également été dilapidé. Ces crises avaient favorisé une gestion unitaire des émeutes. Des cellules de crise, appuyées sur des cellules de veille, avaient été testées et généralisées. Jean-Marc Erbès, haut fonctionnaire responsable de l'Institut des hautes études de la sécurité intérieure (IHESI), avait favorisé cette méthode. C'est lui qui permit en 1993 la publication du premier article de Lucienne Bui-Trong qui présentait son échelle des violences urbaines. Le directeur prêta ses locaux pour organiser une série de réunions, lança des études sur les cellules de veille et les confia à M. Delannoi qui dirige un bureau d'études à Roubaix. Cinq villes test furent retenues, dont Meaux, Roubaix et Laval. Je me souviens d'avoir participé aux réunions transversales à Laval, sur le thème des incivilités et de l'utilité de leur mesure pour prendre la température d'un quartier.

Pendant deux ans, les dispositifs furent rodés. On rendit les rapports à partir de 1998[1]. Les dispositifs prirent alors un tour partenarial et rassemblèrent notamment élus, bailleurs, transporteurs et services de l'État. Une circulaire aux préfets généralisa les cellules qui synthétisaient au niveau local toutes les informations, un peu comme le faisaient les RG, mais avec en sus une capacité de décision. Là où les RG faisaient remonter leurs rapports, les cellules locales pouvaient prendre le parti d'agir immédiatement, de réaliser des actions concrètes. Depuis cette date, ce savoir-faire s'est largement perdu. La forte insistance sur l'établissement d'un poste de commandement unique Place Beauvau, d'un raffermissement des lignes hiérarchiques, a marginalisé les dispositifs locaux. C'est

---

1. M. Auboin, M.-F. Delannoy et J.-P. Grémy (1998).

pourtant à ce niveau plutôt qu'à Paris qu'on pourrait déceler à temps des signaux avant-coureurs.

Les outils locaux et ceux des RG

Les bons outils de suivi et d'anticipation font défaut. Sachant que la durée de vie moyenne d'un ministre de l'Intérieur et de son équipe est de deux à trois ans, les statistiques constituent une mémoire indispensable au bon exercice du pouvoir. Or, les instruments disponibles ne donnaient guère d'indications probantes ; ils n'annonçaient rien : les RG avaient recensé les affrontements entre bandes pour rivalité territoriale ou sur fond de business, soit 35 morts en 2003, 14 morts en 2004 et 8 en 2005[1]. Le nombre d'émeutes, quant à lui, avait même diminué ces dernières années, passant de 17 en 2000 à 16 en 2001, 13 en 2002 et 7 en 2003. Parallèlement, «le nombre des attroupements hostiles aux forces de l'ordre restait à un niveau élevé» : 494 faits pour l'année 2003 contre 544 en 2002.

Certes, il existait bien des rapports, rédigés par les RG, qui attestaient de mouvements. Mais on peut *a posteriori* les trouver annonciateurs sans qu'ils aient eu cette vertu *a priori*. La rhétorique est tellement identique depuis vingt ans qu'il est difficile d'en déduire qu'il va se produire quelque chose d'inédit. À force de dire que les jeunes délinquants sont de plus en plus jeunes, la violence de plus en plus violente, les normes morales complètement détruites, on finit par s'habituer. Les RG affirmaient, avant les émeutes, que la situation se dégradait mais ils n'avaient pas les moyens de proposer des lieux et des dates. Or, cela est essentiel pour fixer une priorité sur un agenda politique.

1. Selon une note de janvier 2006, citée par *Le Monde* du 24 février 2006, la direction centrale des renseignements généraux estime que les affrontements entre bandes étaient de 281 en 2003, 225 en 2004 et 435 en 2005. Les morts pour l'année 2003 sont comptabilisés dans une note confidentielle de février 2004.

Il existe, au plan géographique, une forte ressemblance entre les quartiers que les RG ont signalés depuis quinze ans comme à risques et ceux qui ont été touchés en 2005. Lucienne Bui-Trong rappelle : « L'enquête de 1991 avait permis de repérer 105 quartiers touchés par la violence, parmi lesquels 40 connaissaient, de manière relativement banalisée, des violences visant la personne des policiers. En octobre 2000, on dénombrait 909 points chauds ayant connu la violence urbaine au cours des mois précédents, parmi lesquels 161 connaissaient des violences anti-policières. Ces points chauds étaient répartis dans 486 villes[1]. » Mais ces proximités géographiques ne répondent toujours pas à la question « quand ? », et l'outil a été jugé obsolète par la direction générale de la police des deux gouvernements, de gauche puis de droite, qui se sont succédé en 2002.

Au cours de l'année 2005, après la mise sur pied du nouvel indicateur des violences urbaines, l'INVU, on n'a noté aucune élévation continue de la température à l'échelle de la France, d'après les chiffres de l'Observatoire national de la délinquance. Les nouveaux outils de mesure ne montraient pas d'augmentation de la pression des violences urbaines avant les émeutes : le nombre d'incidents évoluait entre 7081 en janvier 2005 et 9042 en juillet avant de décliner au niveau de 7394 en septembre. Les chiffres révèlent des trajectoires en vaguelettes, mais pas de tendance nette.

Mais le plus beau n'est pas là : alors qu'éclate en octobre la plus grande vague de violences urbaines que la France ait connue, les nouveaux outils n'enregistrent absolument rien. En janvier 2005, le nombre de violences à l'encontre des services (sécurité, secours, santé) est établi à 412, en août à 406, en septembre à 432, en octobre à 461 et en novembre à 447 ! Avant les événements, le thermomètre ne bronche pas. Ni pendant, ni après non plus. Imagine-t-on un sismographe qui ne repérerait pas un tremblement de terre ?

1. *Libération*, 3 mars 2006.

Il est déjà difficile de prévoir des événements comme ceux de 2005 en ayant développé les instruments adéquats. Mais la police ne possédait même plus d'outil pour essayer d'anticiper. Or plus les commissaires ou le préfet tardent à détecter le danger, plus la demande de renforts mobiles adressée au niveau national et l'arrivée de personnels tardent à leur tour. La demande doit remonter du commissaire au préfet, du préfet au directeur général, du directeur général à la cellule de coordination de l'emploi de la réserve nationale.

L'excessif usage des RG en police judiciaire

Par une note du 20 avril 2004, des bureaux de lutte contre les violences urbaines furent réactivés (ils datent de 1995 au plan départemental, mais leur activité s'est rapidement délitée), tandis qu'un bureau national de coordination était mis en place. Il se réunit une fois par mois. Cette initiative débouche sur un document du 26 juillet 2005 qui prévoit un plan pour les 20 départements les plus touchés par les violences urbaines. Ce document prend la forme d'un télégramme adressé aux préfets, aujourd'hui classé « confidentiel défense »[1]. Les instructions de police dans notre démocratie sont maintenant au coffre ; elles rejoignent les rapports des renseignements généraux. Faut-il y voir un trait de militarisation de la police ? On ne saura donc pas ce qu'était ce plan, mais, quel qu'il fût, il n'aura rien empêché.

La doctrine des gouvernements successifs depuis 2002 en matière de police est tout entière résumée par la formule « des interpellations sinon rien ». Cela vaut également en matière de violences urbaines. Dans une note de la direction centrale de la sécurité publique du 24 octobre 2005, on lit : « Seule la lisibilité de la

---

1. Les références sont les suivantes : PN/CAB/05-2185 CPS du 26 juillet 2005.

réponse judiciaire et l'exemplarité des sanctions auront un effet durable sur le niveau des faits [de violence urbaine] recensés[1].» Cette philosophie s'applique aux RG, au détriment du recueil et de l'analyse d'informations.

Les RG voient leurs missions évoluer dans un contexte classique de rivalités entre directions de la police nationale. Ils écopent d'abord d'une tâche assez obscure, qui leur est donnée en contrepartie du terrain qu'ils doivent céder. Une note de service du 29 septembre 2004 signée Dominique de Villepin leur fixe un objectif curieux: «la mise en place d'un outil de prévision et de gestion des crises», «en contrepartie de l'abandon des prévisions électorales» (*sic*).

Au cours de ce second semestre 2004, Pascal Mailhos, le préfet qui dirige les RG depuis le 28 janvier, se voit attribuer la mission de relancer le travail sur les violences urbaines. Sa nomination à ce poste des plus sensibles avait opposé le président de la République à son ministre de l'Intérieur, Nicolas Sarkozy. Le choix d'un préfet, au lieu d'un policier, s'était alors imposé, signant la prééminence de Jacques Chirac. À cette occasion, un fossé se creuse entre le cabinet de Nicolas Sarkozy et les RG. Signe du malaise, lors de la première réunion qu'il préside, le directeur éprouve le besoin de déclarer: «Je ne suis pas venu pour être le fossoyeur des RG.» Cette réforme s'accompagne d'un changement radical des cadres. En quelques mois, la plupart des chefs de section ont été remplacés. Au point qu'on évoque ironiquement, dans les couloirs de l'Intérieur, une «épuration»[2].

La section «Ville et banlieue» a été rebaptisée «Dérives urbaines». Elle est composée de huit analystes qui doivent apporter leur contribution au travail d'enquête judiciaire, en l'occurrence des informations exploitables dans des procédures judiciaires contre les réseaux de l'économie souterraine. La question des ban-

1. Note de service du 24 octobre 2005.
2. *L'Express*, 28 juin 2004.

lieues est donc traitée sous l'angle du trafic : pour lutter contre, il faut des procédures solides qui amènent les magistrats à prononcer des peines lourdes. Il ne s'agit plus de faire un travail d'analyse de l'évolution et de la dérive des cités, de traiter des renseignements dans le but de décrypter les changements et les risques, puis d'en informer le gouvernement, mais de contribuer à l'effort dans la guerre contre la délinquance. Le fait de mener la vie dure aux trafiquants est somme toute logique. Mais, le fait d'oublier les autres dimensions liées aux banlieues ou quartiers sensibles, et notamment celle des troubles collectifs, pose problème, on l'a suffisamment constaté.

La tendance se dessine avec la note du 15 juillet 2004 qui définit « les missions prioritaires structurantes » : la lutte « contre les terrorismes », avec une mention particulière pour l'islam radical. La polarisation sur le terrorisme se fait au détriment de la sécurité des banlieues. Pour ce qui concerne la « lutte contre les violences urbaines », la note exige que les RG « s'investissent davantage dans la neutralisation des réseaux d'économie souterraine ou de blanchiment d'argent ». On demande aux RG d'être plus présents dans les GIR. Après les émeutes, dans un petit document confidentiel de 6 pages daté du 23 novembre, la direction centrale des RG analysait les agitations. Mardi 7 décembre 2005, le journal *Le Parisien* résumait ce rapport et en citait les principaux enseignements. Dans la dernière section du document, les RG dénonçaient les orientations de la politique de leur ministre : « La France, plus préoccupée par la montée de l'islamisme radical et du terrorisme religieux, a négligé le problème complexe des banlieues. » Comme on l'imagine, le rapport est enterré par la direction générale de la police aussi profondément que ceux qui avaient, du temps de la gauche, critiqué la réforme de la police de proximité. Et des mises en garde sévères sont adressées à la presse : la loi indique qu'elle est passible de poursuites judiciaires si elle diffuse le contenu de ces documents. Il ne fait pas bon penser différemment du ministre.

Cette attitude de focalisation sur le terrorisme n'est pas récente : les menaces sont appréciées au regard de leur importance politique pour le gouvernement, de leur capacité à questionner la souveraineté de l'État. Or le terrorisme est perçu comme un défi à l'État central. Il passe avant les violences urbaines. Pourtant, si l'on comptabilise le nombre de morts imputés à l'un ou à l'autre phénomène durant les cinq dernières années, on verra que la priorité est discutable. Ce sont les violences urbaines qui tuent le plus en France, avec une bonne soixantaine de morts en quelques années suivant les chiffres des RG que j'ai cités plus haut. Quant aux destructions matérielles, elles en causent nettement plus.

S'attaquer aux trafics par la voie judiciaire n'est pas nouveau. Les groupes de traitement local de la délinquance (GTLD) rapprochent l'appareil judiciaire de la police pour effectuer des raids sur certaines banlieues chaudes. Vendues sous la gauche avec un vernis préventif, ces opérations sont de nature pénale. L'angle judiciaire dans le travail de police s'est amplifié depuis 1991 : la police judiciaire a créé les BREC (brigades régionales d'enquête et de coordination), sortes de brigades d'intervention spécialisées sur les violences urbaines : elles recherchent des preuves permettant à la justice de condamner les « meneurs », elles coordonnent la lutte au plan local. La sécurité publique a créé des services en 1995 avec le même objectif, appelés « sûretés départementales », dotés de « brigades de sécurité urbaine » (BSU) pour augmenter la capacité d'enquête. Puis, en 1998, des services et unités d'investigation et de recherches sont spécialisés dans la même fonction (SIR et UIR). En somme à tous les niveaux d'organisation on trouve désormais un ou plusieurs services qui font de la police judiciaire ou d'investigation contre les violences urbaines : les SIR et UIR au niveau local, les BSU des sûretés départementales au niveau départemental (sans compter les BAC qui opèrent à ces deux niveaux) et les BREC au niveau régional. La nouveauté consiste maintenant à faire des RG un complément judiciaire, ce qui les amène à se

178

détourner du traitement de l'information[1]. Les activités à vocation judiciaire sont valorisées, les bilans plus sociologiques et plus globaux sur les quartiers, leurs évolutions, sont marginalisés. La police se retrouve avec l'acuité visuelle d'une taupe, ce qui nuit à l'anticipation.

Dans cette nouvelle répartition des tâches, les RG sont coupés du terrain pour la collecte des informations relatives aux violences urbaines (confiées à la sécurité publique), ne font guère l'analyse locale de ces phénomènes et se voient attribuer de nouvelles priorités. Si l'on ajoute la nomination soutenue par le président de la République du patron des RG dans un contexte de franche hostilité à l'intérieur du gouvernement, on comprend que ces policiers soient assez peu en mesure de faire passer des messages d'alerte à leur ministre sur le risque d'explosion en banlieue. La publication par *Le Parisien* du rapport sur les émeutes, qui déstabilise publiquement le ministre, n'arrangera pas leurs relations. Aussi, fin avril 2006, Pascal Mailhos, le patron, doit-il démissionner.

Les CRS à contre-emploi

Au début des émeutes, les CRS et les forces de sécurité publique se sont comportés comme en Mai 1968, en maintien de l'ordre classique. Cette technique est pourtant vouée à l'échec : les policiers eux-mêmes ont constaté depuis fort longtemps son inanité dans les crises des quartiers sensibles. Dans les lieux de vie que sont les cités, dégager le terrain n'a pas beaucoup de sens. Le commissaire Bousquet résume : « Le théâtre d'opération dans l'ordre public, c'est la ville [...] avec des rues et des places – le

1. Cela avait été tenté par Jean-Pierre Chevènement, ministre de l'Intérieur, dans sa circulaire du 11 mars 1998 relative à « la lutte contre les violences urbaines ». Le ministre de l'Intérieur fixait quatre orientations aux préfets. La première d'entre elles consistait à « améliorer [...] la connaissance des auteurs et des modalités des violences urbaines par un renforcement de la recherche et de l'exploitation du renseignement », les RG devant y contribuer.

179

modèle haussmannien. Ce qu'il faut protéger, ce sont des bâtiments, des ponts, des artères. En cas de troubles, il faut dégager la rue, l'espace public. [...] Dans les banlieues, le profil urbain est différent: la ville est en relief. Les immeubles font saillie dans de vastes espaces indifférenciés ouverts à tous. Les espaces publics et privés s'interpénètrent et sont reliés par de multiples points. [...] Les jeunes sont chez eux, ils habitent là. Des points hauts, passerelles piétonnières, terrasses et coursives d'immeubles, ils harcèlent la police par des projectiles qu'ils ont entassés[1].» Le point-clé avec l'intervention en banlieue est que les CRS deviennent une force d'occupation du territoire habité par les jeunes et non plus une force de dégagement de l'espace public: cela change tout. Un mode d'emploi différent a donc été mis au point progressivement, jusqu'à former une nouvelle doctrine. Elle aussi est tournée vers le judiciaire.

Le maintien de l'ordre traditionnel, en ligne, est moins offensif que cette nouvelle tactique, plus mobile et visant à interpeller. Et les policiers sont également moins exposés avec la formule classique. Comme les renforts envoyés sur le terrain pendant les émeutes étaient constitués de personnels jeunes et peu expérimentés, ils se sont repliés sur les tactiques qui avaient fait leurs preuves, d'autant que les premiers affrontements furent particulièrement éprouvants. Au total, peu d'interpellations ont été portées au crédit des CRS: la doctrine, comme souvent, ne se laisse pas facilement transposer dans la réalité. Par ailleurs, les deux forces mobiles, CRS et gendarmes mobiles, ne sont pas structurées de la même manière, ce qui complique leur emploi conjoint.

Une fois encore, la connaissance du terrain aurait été un facteur favorable à une meilleure réponse aux émeutes. Mais, dans la foulée de la rupture avec les supposées erreurs de la gauche plurielle, Nicolas Sarkozy, dans une note datée de novembre 2002, modifie la gestion de deux forces mobiles (les CRS et les gendarmes

1. Richard Bousquet (2001), p. 124.

mobiles) [1]. Le système des compagnies fidélisées à résidence est supprimé, celui des détachements d'intervention à résidence (forces de maintien de l'ordre intervenant sur un seul département) est modifié. Les deux forces peuvent être employées par le préfet de zone, d'où le nom de « zonalisation » donné à cette nouvelle forme d'organisation. En clair, CRS et gendarmes mobiles peuvent être appelés au maintien de l'ordre à tout moment et en tout point de la zone. La « sécurisation localisée » est abandonnée. Les CRS rentrent dans leurs casernes pour être prêts à intervenir au cas où. Cela amplifie la coupure entre les CRS, qui interviennent ponctuellement sur demande du préfet, et la sécurité publique, la police du quotidien, qui répond à son directeur départemental. Or, le caractère délicat des missions confiées aux CRS milite pour que les forces mobiles aient une bonne connaissance de la configuration des quartiers concernés et de l'état d'esprit de leurs habitants, et pour qu'elles soient bien coordonnées avec la police opérant localement. Pourtant cette utilisation sédentaire des forces mobiles pour intervenir dans des banlieues qu'elles connaissent bien, toujours les mêmes, en proximité, est rangée dans le placard des horreurs de gauche.

Puis, en 2005, on assiste à un revirement total, habillé en « réajustement du dispositif actuel de zonalisation […] dont le principe général n'est pas remis en cause ». Pourtant, il s'agit bien de re-fidéliser : le « cadre d'action est le département », et ces forces, « particulièrement dédiées à la lutte contre les violences urbaines, ne devront pas […] être distraites de leur mission de sécurisation renforcée ». Quel pourrait être l'objectif de cette note prioritaire si ce n'est corriger le principe de la zonalisation ? La circulaire du 26 octobre 2005 fait des « violences urbaines la priorité absolue » et prévoit qu'à compter du 2 novembre 2005 17 départements vont bénéficier du soutien d'unités de CRS. La très haute priorité se traduit uniquement par un nouvel usage des forces mobiles. En tout

---

1. Note 2759 du secrétariat central des CRS du 4 novembre 2002.

état de cause, on ne voit aucun dispositif plus large destiné à empêcher les violences. Il s'agit «de traiter» les banlieues comme une cible de type militaire : une fois que les agitations sont déclenchées, il convient d'être prêt à interpeller, à faire des prisonniers. Le directeur central de la sécurité publique signe la note, et l'accompagne d'un mot manuscrit : «L'application de cette note est essentielle pour un traitement amélioré des violences.» L'utilisation sédentaire des forces mobiles est une formulation qui, par la contradiction qu'elle exprime, traduit le besoin de dépoussiérer le système français de police. Mais, d'une part, il est trop tard : nous sommes la veille du décès des deux enfants et des premières escarmouches ; d'autre part, il n'est pas du tout certain que cette présence de forces non fidélisées aurait calmé les esprits : les rencontres perçues comme hostiles avec les polices sont une des composantes des émeutes si les forces n'interviennent pas avec suffisamment de doigté et en toute connaissance de la zone à sécuriser. Quoi qu'il en soit, la décision du 26 juillet 2005 de re-fidéliser 17 compagnies de CRS en «violences urbaines» ne sera opérationnelle qu'après les émeutes.

Depuis 2002, des plans ont été dressés, des circulaires relatives aux violences urbaines diffusées. Dans les administrations implantées au niveau local, ces circulaires pleuvent, les fonctionnaires ont à peine le temps de les survoler. Une priorité chasse l'autre. Une circulaire efface la précédente. Les outils d'analyse sont perpétuellement abandonnés. Ou re-créés, ce qui revient au même en termes d'absence de continuité. Les responsables de la Place Beauvau se succèdent et n'ont pas de continuité dans les idées. Ces changements incessants déstabilisent l'emploi des forces. Le moment venu, on ne s'étonne guère de voir les réserves manquer et les personnels avoir du mal à s'orienter lors de leurs missions.

Une autre leçon de la crise est le faible avantage de la structure nationale de la police. Une organisation a beau être nationale, si elle est privée de dispositifs de coordination de ses différents services proches du terrain et des outils de diagnostic appropriés, elle est aveugle et, lorsque des choix erronés sont faits, elle les impose à tout le territoire. Sa force fait alors sa lourdeur : elle démarre en retard, ne bénéficie pas des forces de réserve mobilisables, elle ignore le terrain local et multiplie les bourdes lors des interventions. La volonté de corriger le retard à l'allumage en recourant à une excessive centralisation provoquera une plus forte saturation du système. Postérieurement aux agitations, tout événement doit être « signalé dans les plus brefs délais à la direction centrale [1] », être l'objet d'une « saisie en temps réel », c'est-à-dire « trente minutes maximum après l'événement » [2]. Tout se passe comme si, dans ce modèle managérial centré sur la réactivité, on ne pouvait faire confiance à l'analyse des cadres de police présents sur le terrain. Leur rôle se limite à être des capteurs d'informations qui seront traitées par ceux qui ont la capacité de les analyser, c'est-à-dire les directions parisiennes. Or, on sait que c'est impossible, à la fois en raison de l'insuffisance des moyens centraux et de la trop forte politisation des analyses.

1. Circulaire du 26 octobre 2005.
2. Note de service du 19 décembre 2005 ; l'expression citée est en caractères gras.

CHAPITRE 9

«Chercher à comprendre,
c'est déjà vouloir excuser»

Les émeutes se sont éteintes. Nous sommes fin novembre 2005. Que se produit-il ? Rien, ou si peu. Le gouvernement ne voulait pas savoir avant, il ne veut pas savoir après.

Ce n'est pas que la passion de l'analyse ait animé les gouvernements précédents : la mise au secret des informations, l'arrêt des publications des mauvais tableaux statistiques, faisaient partie déjà des pratiques courantes, je les ai décrites lorsqu'elles se produisaient sous le gouvernement de Lionel Jospin. Avec Nicolas Sarkozy, un pas supplémentaire est franchi dans la dévalorisation de l'intelligence des situations : «Chercher à comprendre, c'est déjà vouloir excuser», déclare régulièrement monsieur Sarkozy ministre de l'Intérieur[1]. L'idée est dans l'air, et un éditorialiste du *Monde*, Jean-Paul Fitoussi, écrit avec le même enthousiasme : «La violence n'est pas légitime, et toute explication en est, qu'on le veuille ou non, une justification. Comprendre, c'est déjà excuser[2].» Il est vrai qu'en matière d'incompréhension, *Le Monde* a montré des dons exceptionnels : le journal attend sept nuits d'émeutes pour se décider à consacrer une première manchette à la crise des banlieues.

Un double bilan doit être établi pour répondre à deux questions. Où en est-on de l'évolution de la délinquance en général ? Quelles

1. Par exemple face à Tariq Ramadan. Nicolas Sarkozy, France 2, *Cent minutes pour convaincre*, novembre 2003.
2. «Les banlieues, loin de l'emploi», *Le Monde*, 29 décembre 2005.

184

sont les orientations du modèle de police depuis 2002 et quels en sont les résultats ?

1. Après la crise, le bilan

Après les vagues d'émeutes, quelle appréciation peut-on porter sur l'évolution des formes de délinquance et de criminalité ? Les résultats sont médiocres ; c'est une évidence que ne reconnaîtront pas les directions de la police.

Un des moyens d'action de la police consiste à «interpeller et présenter». L'utilité de cette fonction ne fait pas de doute : il est rare que les auteurs de délits et de crimes se présentent spontanément devant les tribunaux, et particulièrement pour les infractions de rue et autres violences urbaines. Mais cela n'est qu'un moyen. Une mission de police ne se confond pas, en principe, avec les orientations d'une politique de sécurité. Or, c'est de plus en plus souvent le cas. Contrairement à la doctrine officielle suivant laquelle il existerait un remède universel et efficace (interpeller) contre toutes les formes de délinquances (celle des mineurs ou des majeurs, la violence dans les rues ou dans la famille, la criminalité chronique ou opportune, etc.), il me semble que l'action de la police gagne à varier les registres de son action et, surtout, à ne pas se borner à l'interpellation.

La sécurité est en voie d'amélioration, nous dit le ministère de l'Intérieur, et cela parce que la police est plus active. Pourtant, sous le mandat de Nicolas Sarkozy, la France a atteint un nouveau sommet en matière de violences contre les personnes. Jamais la police n'en avait recensé autant depuis 1985 et même depuis 2002. Il s'agit des délits les plus graves pour les particuliers, les plus douloureusement ressentis et les plus associés au sentiment d'insécurité. Dans le même temps, les délits associés à la consommation de psychotropes se multiplient. Or, plus de consommation implique

185

plus de commerce illégal, et donc des bandes ou réseaux qui gagnent plus d'argent (le chiffre d'affaires de la vente est estimé à plus de 1000 millions d'euros en 2004 par l'Observatoire français des drogues et des toxicomanies (OFDT) et celui de la cocaïne à 40 millions d'euros[1]). Chaque semaine, la région parisienne consomme 5 à 6 tonnes de cannabis livrées par des «go-fast», des convois de 4×4 lourds et armés qui roulent à haute vitesse depuis le Sud de l'Europe pour livrer en banlieue le plus souvent. Enfin, jamais l'Hexagone n'avait vu autant d'incendies et d'affrontements avec les forces de l'ordre dans plusieurs centaines de villes à la fois. Plus de commerce illégal, plus de délits violents contre les personnes, des émeutes inégalées, voilà qui questionne le principe d'un bon bilan.

Dans le même temps, il est vrai que certains délits sont à la baisse, et notamment les délits de voie publique, un agrégat qui rassemble les cambriolages, les vols qui touchent l'automobile notamment. La diminution des chiffres de la délinquance est réelle: les enquêtes menées au niveau national par l'INSEE et au niveau de l'Île-de-France par son institut d'urbanisme, deux organismes indépendants de l'Intérieur, comptent moins de victimes. Toutefois, les enquêtes de l'INSEE font remonter la baisse du nombre d'atteintes à l'automobile à 1996 et non à 2002. Or, il s'agit d'un poste statistique très important, qui pèse lourd dans le bilan global. Enfin, la baisse est probablement amplifiée par les pressions de la hiérarchie sur les directeurs départementaux de la sécurité publique et les préfets: un rapport des inspections générales (de la police, de la gendarmerie et de l'administration) a montré que «plus d'un demi-million de faits», «bien que signalés aux services compétents, n'ont pas été enregistrés comme plaintes». Cela représente «près d'un quart des vols et tentatives de vols, soit près de 400000, près d'un tiers des violences physiques, soit plus

---

1. http://www.ofdt.fr/ofdtdev/live/publi/pointsur/chafcan.html; il s'agit des estimations moyennes.

186

de 92 000 faits, et près d'un quart des vols avec violence, soit plus de 36 000 faits »[1].

On reste donc aujourd'hui sur les hauts plateaux de la délinquance, au niveau atteint après quarante années de hausse pour les atteintes aux biens (1945-1985) et même de soixante années pour les atteintes aux personnes (1945-2005). L'art du ministre consiste à communiquer douze fois par an sur des petites variations. Au bout de plusieurs années, sa version des faits, pourtant exagérée, ne souffre plus de discussion. Aussi bien la baisse de la délinquance que sa cause unique, l'action de la police et de la gendarmerie, sont devenues des « réalités ».

Devant ces évolutions des différents types de délits, il est intéressant de se pencher sur la doctrine de la police. M. Sarkozy l'a présentée à plusieurs reprises : ses policiers seraient les guerriers de la délinquance. « N'ayant tiré aucune leçon de leurs échecs successifs et de ce vaste mouvement d'exaspération populaire qui a conduit au 21 avril 2002, les socialistes, qui avaient la charge de notre sécurité, persistent dans l'erreur. Non, nous n'abandonnerons pas le souci d'efficacité et de pragmatisme qui est le nôtre, pour ressortir leur conception hémiplégique de la police de proximité qui n'était en fait que du laxisme et de la faiblesse déguisés [2]. » « La police et la gendarmerie n'ont jamais eu les consignes pour aller en profondeur dans les banlieues. Je prends un exemple : entre 1997 et 2002, il y a eu 25 journées d'émeutes et guère d'interpellations ! Je ne sais pas si la consigne avait été donnée, mais elle a été parfaitement exécutée : ne rien faire. Nous venons de connaître 18 jours d'émeutes et nous avons, à ce jour, procédé à près de 3 000 interpellations [3]. » Point de distinction entre action et interpellation. Le raisonnement est simple : si la police attrape plus de délinquants, elle va les mettre hors d'état de nuire et dissuader les autres candidats potentiels de passer à l'acte. Et ce au point de faire

---

1. *Le Canard enchaîné* du 24 mai 2006.
2. *Le Monde*, 6 novembre 2005.
3. *L'Express*, 17 novembre 2005.

plonger les statistiques des délinquances. Voilà qui constitue le cœur de la doctrine qui valorise la réactivité de la police.

Cette logique est-elle validée par les faits ? La réponse est malheureusement négative. D'une part parce que toute la délinquance n'y est pas sensible, comme nous venons de le voir, et, d'autre part, parce que la délinquance sur laquelle la police exerce la pression la plus forte est celle qui continue à augmenter. Si la baisse de la délinquance dépendait avant tout de l'efficacité de la police, elle devrait d'abord se manifester sur les délits que la police maîtrise le mieux. Or c'est l'inverse qui se produit. La baisse concerne les vols, dont plus des trois quarts des auteurs ne sont jamais identifiés, alors que les violences aux personnes, pour lesquelles la police arrête l'auteur dans 73 % des cas, sont en hausse. Le phénomène est encore plus parlant si l'on compare les violences aux personnes aux vols qui touchent l'automobile et les deux-roues à moteur. Ces derniers sont les délits qui ont le plus diminué, or leur taux d'élucidation est parmi les plus faibles qui soient, 7 % en 2005.

Attardons-nous sur les évolutions de ces infractions qui représentent presque la moitié de tous les vols recensés entre 1997 et 2001. En 1997, la police recense 1,1 million de ces atteintes liées à l'automobile, puis 1,14 million en 2001. En 2005, ils ne sont plus que 783 000, soit une diminution de 357 000 unités, c'est-à-dire 31 % par rapport à 2002 ou encore une baisse de 307 000 par rapport à 1997, soit une valeur proche de l'ordre de 28 %. Un quart, ou presque un tiers suivant le point de référence, d'atteintes en moins, voilà qui n'est pas rien. La police trouve-t-elle plus souvent les auteurs ? Elle a élucidé 78 450 atteintes à l'automobile en 1997, 62 000 en 2001 et 56 000 en 2005. En 2005, cela fait 6 000 vols élucidés non pas en plus, mais en moins par rapport à 2001 et 22 000 de moins par rapport à 1997. Le taux d'élucidation qui représente le pourcentage des vols élucidés par rapport à ceux qui sont connus de la police est de 7,2 % en 1997 et de 7,1 en 2005. En résumé, on observe une diminution du nombre de ces atteintes alors même que leur taux d'élucidation est identique et que se produit une baisse du nombre absolu des vols élucidés de plus d'un quart. Nous sommes beaucoup moins souvent victimes alors que la police attrape moins d'auteurs et que, pour chaque vol, les risques de se faire prendre par la police sont inchangés. Faire de la baisse de la délinquance la conclusion de la pression policière est, dans ces conditions, assez périlleux.

D'une manière générale, la doctrine du «guerrier de la délinquance» encourage l'arrivée de la police «une fois qu'il est trop tard», pour les agressions comme pour les émeutes. En effet, pour trouver les auteurs de délits, il faut attendre qu'ils aient été commis. Une manière de vérifier si, à elle seule, l'arrestation des délinquants suivie de leur incarcération est une solution qui marche consiste à tourner les yeux vers d'autres pays qui ont essayé ces politiques. Est-ce que les pays étrangers dotés de polices offensives, de législations plus punitives et de populations carcérales nettement plus importantes ont une délinquance plus limitée? La réponse est, encore une fois, négative. La population incarcérée aux États-Unis est de l'ordre de 2 millions, soit un taux compris entre 750 et 800 prisonniers pour 100 000 habitants. Le taux français avec 60 000 détenus est de l'ordre de 95 pour 100 000. Les États-Unis connaissent pourtant des taux de délinquance homicide trois fois plus élevés (et bien plus dans les grandes villes), des taux de vol ou d'agression comparables à la France. Il en va de même pour la Grande-Bretagne : les taux d'agressions violentes y sont plus élevés (14,4 pour 100 habitants contre 7,8 en France[1]) en dépit d'une incarcération plus fréquente. Je ne prétends pas que la prison est inutile pour certains types d'auteurs de délits ou de crimes, mais simplement que son effet global sur la délinquance n'est pas miraculeux.

---

1. Taux annuel d'actes pour 100 habitants pour les «vols avec violence» et «agressions et menaces». Cf. John van Kesteren, Pat Mayhew, Paul Nieuwbeerta, *Criminal Victimization in Industrialized Countries*, annexe 4, 2001. La dernière année d'enquête remonte à 2000.

Une autre question se pose. Comment, lorsque la théorie confond interpellations et sécurité, comprendre l'apparent décalage entre les bons résultats en matière de délinquance de voie publique et la survenue des émeutes de 2005 ? Pourquoi les émeutiers qui sont des délinquants de rue n'ont-ils pas peur de cette police de choc capable de faire plonger les statistiques ? Encore une fois, le modèle de la police réactive trouve ses limites. Y compris pendant les émeutes. Le ministère de l'Intérieur a abondamment commenté le succès de sa stratégie d'interpellation pendant la vague de violences urbaines. Je ne conteste pas ici le bien-fondé de l'intention. Cependant, en dépit des milliers d'arrestations réalisées en novembre et en décembre, les violences urbaines de la fin de l'année n'ont pas diminué par rapport à l'année passée. Bien au contraire, elles ont été plus nombreuses d'après le ministère de l'Intérieur : 425 véhicules brûlés pendant la nuit de samedi à dimanche dans 53 départements, soit 92 de plus que lors de la Saint-Sylvestre 2004. On comprend que le directeur général de la police nationale Michel Gaudin se soit « montré soulagé [1] » de l'absence de reprise des émeutes. Mais, en matière d'efficacité des interpellations pour dissuader, on demande à être convaincu par de meilleurs arguments. Jamais on n'avait interpellé autant d'auteurs de violences urbaines en si peu de temps, et cela n'entraîne aucune baisse de ces délits pour la célébration du nouvel an, au contraire on constate une hausse de 20 %. Les délinquants ne sont pas dissuadés. Les Français ne semblent, de leur côté, pas plus rassurés : 86 % craignent de nouvelles émeutes [2].

Ces paradoxes apparents ont plusieurs explications assez simples. D'abord, le miracle de la résorption des délits s'est déjà produit plusieurs fois. L'absence de mémoire statistique, que nous avons amplement décrite dans le domaine des violences urbaines,

1. *Le Monde*, 10 janvier 2006.
2. Sondage CSA-*Le Parisien*, 30 janvier 2005.

concerne d'autres secteurs. Selon les chiffres du ministère de l'Intérieur, c'est déjà la troisième fois que la France connaît un fléchissement du nombre de vols depuis 1985 : nous avons connu des pentes descendantes de 2,3 à 2 millions entre 1985 et 1988, puis de 2,6 à 2,25 millions entre 1993 et 1997 et enfin de 2,55 à 2,25 millions entre 2002 et 2005. Il n'y a donc rien de nouveau ou d'exceptionnel à ce que la délinquance décline pour les vols. La liaison entre une police qui interpelle et les hausses et baisses de la délinquance est infirmée : alors que le nombre de mises en cause d'auteurs de délits n'a pas cessé d'augmenter depuis 1985, durant certaines années la délinquance a progressé et, durant d'autres, régressé. Les deux phénomènes sont indépendants sur le moyen terme. Autrement dit, interpeller ne permet pas mécaniquement de faire baisser le nombre de délits.

Ensuite, les variations de la délinquance ont des causes très générales. Depuis le milieu des années 80, les pays d'Europe et d'Amérique du Nord ont connu des baisses bien plus constantes que la France. Alors qu'on accepte volontiers le concept de mondialisation économique, on l'ignore pour la délinquance. Or, il existe des tendances, sinon mondiales, du moins occidentales. Sur le moyen terme, les évolutions sont synchronisées dans le monde entier. La délinquance baisse aujourd'hui aux États-Unis, au Canada, et dans les autres pays européens plus vite qu'en France. Ce parallélisme des évolutions est même vrai pour l'homicide. Si l'on suit les courbes, l'on observe dans les pays d'Europe continentale une baisse de 1915 à 1955, puis une forte hausse jusqu'en 1990, et une nouvelle décrue depuis. Les courbes des pays européens, dont la France, épousent même celles du Canada ou de l'Australie.

Ce qui est présenté comme un haut fait d'armes policier, la baisse du nombre de vols enregistrés, est peut-être vraiment un miracle pour le ministre de l'Intérieur qui arrive aux affaires au moment opportun. Deux phénomènes évoluent en parallèle : d'un côté l'élévation de l'activité policière, de l'autre la baisse de la délinquance. Leurs liens sont ténus. Reprenons le cas de la diminution des vols d'automobiles au plan européen et notamment français. Cette diminution répond aux nouveaux systèmes de protection installés par les constructeurs. Depuis qu'ils ont signé des protocoles avec les sociétés d'assurances à la fin des années 80, les constructeurs ont amélioré les systèmes de sécurité. Les serrures sont plus difficilement crochetables, voire électroniques ; les loquets à l'intérieur des voitures ont été réduits pour empêcher qu'on les tire à l'aide d'un filin. Les voitures sont dotées en série de systèmes anti-démarrage et d'alarme. Les destructions de cartes grises, désormais sécurisées, au moment de la mise en épave ont été appliquées avec plus de rigueur, de sorte qu'une voiture accidentée et retirée de la circulation ne peut plus donner son identité légale à un véhicule volé. Dans le même temps, les autoradios intéressent moins : les voitures en sont toutes équipées en série, et il est vain d'en voler un pour essayer de le revendre. De plus, ceux qui sont commercialisés ont des façades amovibles et d'autres dispositifs de sécurité qui les rendent peu attractifs. Si l'on ajoute à cela le déclin du marché des véhicules volés en Europe de l'Est, il y a maintenant un ensemble de bonnes raisons qui expliquent la diminution des atteintes à l'automobile.

Le même type d'explication est vrai pour les téléphones mobiles. Il y a d'abord eu une élévation du nombre de vols avec la diffusion des modes de vie « nomades » : les gens portent dans la rue leurs valeurs, les téléphones, appareils photo numériques ou ordinateurs portables. Pourquoi cambrioler un domicile pour y voler un ordinateur fixe alors qu'on peut en trouver facilement dans la rue ? Ce déplacement de la délinquance vers les rues est plus spectaculaire pour les téléphones : tout le monde tend à être équipé, chaque personne est donc une cible potentielle. On est passé en quinze ans d'un nombre de propriétaires proche de zéro à 44 millions. Mais comme pour les voitures, les ripostes vont progressivement être mises en place. Si l'on se fait voler son portable, on peut désormais appeler l'opérateur et, en lui donnant le code Imei (le numéro de « carte d'identité » de l'appareil), non seulement lui faire couper la ligne, mais aussi désactiver l'appareil. Peu de gens connaissent ce code et bloquent leurs appareils volés, aussi la dissuasion est-elle encore limitée. Mais la stabilisation ou même la baisse ont déjà commencé depuis 2003 et vont s'amplifier: selon les chiffres de la police nationale, les vols déclarés étaient 117 000 en 2001, 185 000 en 2003 et ils plafonnent à ce niveau depuis. Selon les enquêtes sur les victimes, qui comptent toutes les victimes, même celles qui n'ont pas porté plainte, la tendance est même à la baisse, de - 11,5 % depuis 2003[1].

Enfin, les outils miracles contre l'économie souterraine en banlieue n'ont sans doute pas porté leurs fruits. Les fameux GIR (groupes d'intervention régionaux) n'ont pas pu mener réellement à bien leur mission. Tant que leur corps sera constitué d'un petit groupe d'une dizaine de personnes pour tout un département, éventuellement très urbanisé et comprenant une grande agglomération, ils pourront difficilement faire mieux. De plus, les GIR sont coupés du terrain. Ils n'ont d'autre choix que de récupérer les dossiers préparés par les services locaux: un listing d'auteurs de délits établi par la sécurité publique, un dossier sur l'environnement fiscal du quartier réalisé par les douanes par exemple. Si la sécurité publique n'a pas un solide dossier de fond qui établit la manière dont opère telle bande de trafiquants, où se trouvent ses lieux de stockage, quel est l'organigramme des trafics, ses réseaux de vente et d'approvisionnement, le GIR n'a pas de cible. Le travail de police repose toujours sur une connaissance fine des territoires où il faut intervenir. Si ce travail de proximité n'est pas fait, même les GIR ne peuvent perturber l'économie souterraine. Il s'agit typiquement d'une bonne idée mal mise en œuvre: au lieu de spécialiser des forces, il conviendrait d'intégrer dans le fonctionnement des com-

---

1. 700 000 portables sont dérobés en 2003 contre 620 000 en 2004, voir *Grand Angle*, bulletin statistique de l'Observatoire national de la délinquance, n° 3, novembre 2005. Certaines personnes se sont fait voler plusieurs fois et tous les vols ne sont pas déclarés aux autorités, ce qui explique les écarts avec les chiffres de la police.

missariats la possibilité de croiser les informations des douanes, du fisc et de la police.

Dans un contexte où l'on tente de laisser penser que la police est la cause de toute variation (à la baisse), les hauts responsables n'apprécient pas les explications comme celles-ci. Non parce qu'elles manquent de rigueur, mais au contraire parce qu'elles cherchent des preuves aux affirmations faites au sommet des chaînes hiérarchiques. Ils préfèrent penser en fonction des intérêts politiques de l'heure et accuser la statistique bien faite de défaitisme.

La police est précieuse. Elle participe à la pression contre les délinquants. Ce n'est en rien l'insulter que d'énoncer l'évidence : son action seule n'explique pas la baisse des délits, pas plus que son inaction n'explique la hausse continue des délits, vols ou agressions, entre 1945 et 1985. Quels que soient les chiffres, les ministres disent qu'ils ont été obtenus grâce au bon travail de la police. Pendant la période de hausse des chiffres de la délinquance, les ministres de l'Intérieur nous expliquaient que c'était la preuve que les Français avaient confiance dans les policiers et venaient plus souvent déclarer ce dont ils avaient été victimes, ce qui était erroné. Maintenant la baisse du nombre de vols est interprétée comme un signal du bon travail de la police contre les délinquants, ce qui est tout aussi trompeur. Finalement, ce qui ne change pas est l'attitude des gouvernants : tout le bien qu'on enregistre est la conséquence de leur action ; quant au mal... Rien à voir avec eux. Et je ne force pas le trait.

2. Police de proximité : la résurrection

Les pays qui ont été confrontés à des émeutes ont fait des diagnostics convergents : les relations entre police et minorités, entre police et quartiers défavorisés, sont en cause et doivent être amé-

liorées. Après les émeutes des années 60 aux États-Unis, la commission présidentielle du nom de son président, Kerner, nommée
par le président Lyndon Johnson, avait pointé le risque d'une division raciale du pays. Le projet de la police communautaire était né.
Après les émeutes de Los Angeles qui suivirent l'affaire Rodney
King, la tension entre le LAPD[1] et les minorités avait été au centre
du débat. Thomas Bradley, premier maire noir de la ville, nomma
une commission qui préconisa l'adoption du *community policing*,
bien loin du modèle de la police réactive et quasi militaire qu'avait
Los Angeles. En Grande-Bretagne, après les émeutes de 1981, la
commission conduite par lord Scarman essaya de jeter les lignes
d'une nouvelle politique policière qui améliorait les relations entre
la police et les minorités. Le Home Office, l'équivalent du ministère de l'Intérieur, afficha la nouvelle donne : puisque des facteurs
de la délinquance étaient hors de portée de la police, empêcher la
délinquance ne pouvait être de son unique ressort[2]. Lorsqu'un
enfant noir fut battu à mort à Londres en 1993, et qu'il fut établi
que la police de Londres avait bâclé l'enquête, la commission Mac-
pherson réalisa un rapport à la demande du Home Office : il souli-
gnait la nécessité de rétablir la confiance entre la police et les
minorités ethniques.

Peut-on définir la police communautaire ? Dans tous les pays, il
existe une philosophie générale qui inspire la police de proximité,
celle-ci demande à être adaptée à chaque ville et à chaque système
politique et administratif. On appelle police communautaire ou
de proximité les tentatives de renouvellement des réponses de la
police, le renouvellement du « modèle professionnel ». Le modèle
professionnel actuel consiste à se dépêcher d'arriver trop tard. Il
est l'enfant illégitime de la voiture et du téléphone. Ce modèle est
aimé par beaucoup de policiers : il consiste à essayer d'attraper les
délinquants. Un bon policier attrape un maximum de délinquants.

1. LAPD : Los Angeles Police Department.
2. Home Office, « Crime Prevention », circulaire 8 / 84, London, Home Office.

Problème : c'est possible quand il y a peu de délinquants. C'est très compliqué lorsqu'ils sont très nombreux, ou bien cela coûte très cher. La police de proximité tente une adaptation de la police à un environnement humain et délinquant qui a changé. Les principes, la philosophie générale de la police de proximité sont peu nombreux. Il s'agit d'établir dans un périmètre géographique déterminé un développement de la méthode de résolution des problèmes grâce au partenariat avec d'autres organisations publiques ou privées, qui vient compléter l'activité répressive. Cela implique un déplacement de l'autorité et de la responsabilité des actions engagées un peu plus bas dans la hiérarchie de la police, de sorte que les initiatives soient toujours plus rapidement prises et mieux adaptées aux particularités locales. Les Français parlent de territorialisation ou de décentralisation (au sens des compétences données par la loi aux élus locaux ou bien au sens de l'organisation des services d'État au plus près du terrain). Cette orientation encourage la police à développer des liens avec les groupes et associations de quartier afin de faciliter la compréhension de leurs attentes ainsi que le partage des informations utiles à la police pour exercer des missions d'identification des délinquants. La police de proximité a un objectif d'efficacité. Elle encourage à prendre en compte les demandes de la population et à lui rendre des comptes : il n'est pas humiliant, dans une démocratie, de se tourner vers les citoyens. C'est le prix de la confiance.

En France, une police organisée différemment aurait pu contribuer à éviter les émeutes, même si aucun système de police ne permet de les écarter à tout coup. Une police de proximité permettrait de mieux cerner la question des banlieues, et non simplement celle de la lutte contre le trafic et la nécessité des interpellations. Elle suppose d'agir en parfaite connaissance du terrain : pas de laisser le champ libre aux délinquants mais de les combattre mieux. Il s'agit aussi d'apaiser les tensions qui prédisposent à l'émeute. Une force de proximité est plus capable d'identifier les individus, de découvrir les auteurs de délits. Elle est un élément, certainement pas le seul, de la légitimation des forces de l'ordre. L'autopsie des nombreuses émeutes en France et à l'étranger montre qu'une des clés de leur compréhension est l'hostilité entre police et minorités. Une plus grande stabilité des personnels sur les territoires, une meilleure formation à la gestion du stress généré par des interventions difficiles, une valorisation dès la formation de l'importance pour la paix publique d'être juste au cours des contacts, plus de transparence par la réalisation d'études indépendantes, sont autant d'éléments qui doivent se combiner. Interpeller est un moyen de police, pas une politique de sécurité.

D'autre part, une police de proximité digne de ce nom n'aurait peut-être pas fait fuir les gamins qui sont allés mourir dans ce transformateur. Lorsque le policier connaît les adolescents du quartier, il ne leur sert à rien de courir : ils sont identifiés immédiatement. Si un accident se produit, les relations étroites avec la population ne transforment pas l'émotion et le désarroi en colère. Le partenariat local, conduit dans la durée, peut payer en retour les efforts des policiers. On constate aussi que les chefs de police locaux ou les maires ont souvent des déclarations qui amènent plus d'apaisement que celles d'un ministre de l'Intérieur. En effet, ce dernier gère les conséquences politiques nationales de l'événement, y compris électorales de court terme. Le responsable local, parce qu'il inscrit son action dans la durée, cherche d'abord à coller à la réalité du quartier, évite de chasser du revers de la main toute responsabilité et ne tranche pas immédiatement, c'est ce qu'a d'ailleurs fait le maire de Clichy.

À Clichy-sous-Bois, la police n'est pas directement responsable de la mort des enfants : elle n'a pas fait usage de violence, elle n'a frappé personne. Nous ne sommes pas dans un cas comparable à l'affaire Rodney King à Los Angeles. Certes, les policiers ont couru après des enfants qui étaient sur un chantier, ils ont caché cette information, et ils ont probablement vu que des adolescents escaladaient le mur d'enceinte du transformateur. S'ils les avaient suivis plus loin, ils auraient été plus fortement encore suspectés d'être à l'origine du drame. Ils sont repartis, on leur reprochera peut-être de ne s'être pas assurés que les adolescents ne s'étaient pas mis en danger. Quoi qu'il en soit, le fait que la police soit spontanément tenue pour responsable, et que les parents refusent de recevoir le ministre de l'Intérieur, témoigne de la dégradation des relations entre elle et les minorités.

Pour finir cette défense et illustration de la police de proximité, rappelons que la gestion de proximité de la police permet, dans les phases de répression et de maintien de l'ordre, d'éviter l'ignorance du terrain et les erreurs qu'elle entraîne : les policiers qui se font prendre dans des guets-apens parce qu'ils ne connaissent pas le quartier, ceux qui tirent une grenade à côté d'un lieu de culte, les forces mobiles qui se trompent de commune à cause d'un nom de rue identique, qui se déplacent plus lentement en voiture que les émeutiers à pied... Une police de proximité permet de mieux récolter l'information. Lorsque les émeutiers ont prévenu les habitants de leurs intentions, il aurait été logique que la police le sache. Mais de l'habitant au responsable d'association, au maire, au directeur départemental jusqu'au préfet, la chaîne est longue. Et la réaction trop lente.

Il ne faut pas faire de la police de proximité une « potion magique » qui résoudrait tous les problèmes. Ce serait naïf, et ce n'est pas le sens de ce chapitre. Dans *Police de proximité*, j'avais présenté le bilan des études les plus rigoureuses relatives à l'impact de cette organisation sur la délinquance[1]. On peut en conclure, aux États-Unis, qu'elle ne dégrade pas la situation, mais qu'elle ne l'améliore pas non plus en termes d'effets sur le taux de délinquance. Elle renforce les liens positifs avec les policiers et fait baisser le sentiment d'insécurité. David Weisburd et John E. Eck concluent sans ambiguïté dans ce sens[2]. Les patrouilles à pied à Boston ou à Newark dans les années 80, les réunions de quartier, la surveillance du voisinage stimulée par la police, la distribution

1. Sebastian Roché (2005).
2. David Weisburd et John E. Eck (2004).

198

d'une lettre d'information ou l'installation d'un poste de police sont autant de moyens de renforcer les liens entre population et police. Cependant, on ne doit pas écarter les bénéfices que la police de proximité peut apporter si elle est bien pensée et correctement mise en œuvre. En Grande-Bretagne, la nouvelle «police de voisinage», testée en grandeur réelle depuis 2004, s'est révélée efficace dans une majorité de sites pilotes, tant pour rassurer que pour faire baisser la délinquance comme l'ont montré Rachel Tuffin, Julia Moris et Alexis Poole[1]. Par rapport aux minorités, la police de proximité n'a d'effet que si l'objectif et les moyens d'améliorer les relations sont présents. Étant donné que ce modèle insiste sur les liens avec la population (faire sortir le policier de son isolement, de sa voiture, faire des procédures, être plus présent dans la communauté), il vaut mieux qu'ils soient positifs. La police de proximité, la police communautaire, la sécurité publique, la paix publique, quel que soit le nom qu'on lui donne, constitue le cœur de métier d'une force de police. Elle suppose la recherche d'une légitimité auprès de la population.

De même, la territorialisation de la police, le fait de faire coopérer différents services sur une zone déterminée, par exemple celle d'une agglomération, donne une cohérence aux services. On parle de la police nationale comme si elle n'était qu'une. Mais en réalité l'organisation nationale implique des services centralisés et spécialisés qui coopèrent mal entre eux au plan local : ils sont conçus comme autant d'extensions qui se rejoignent à Paris. Une organisation locale permettrait de mieux intégrer les BAC, les GIR, les CRS, les RG et la sécurité publique et de leur donner ainsi les moyens de s'attaquer sérieusement à l'économie souterraine. Elle permettrait d'agréger les services pour de bon au-delà de l'apparence d'unité que le nom «police nationale» suggère à tort. Pour cela il faut créer un poste de responsable de toutes les polices qui soit durablement ancré dans une métropole.

---

1. Tuffin *et al.* (2006).

3. La rhétorique guerrière montre ses faiblesses

Rupture, pour le principe

Le ministre de l'Intérieur croyait en avoir fini une fois pour toutes avec la police de proximité. Son spectre serait-il en train de préparer son retour, de sortir de la fosse commune où elle avait rejoint tant d'autres réformes? Après les émeutes, nombreux sont les élus qui ont déploré la disparition prématurée de la police de proximité, soit dans la presse, soit lors de colloques ou de tables rondes. Le gouvernement se sent acculé. D'un côté, il se vante d'en avoir fini avec les errances idéalistes. Ainsi, le 11 juillet 2002, le député UMP Christian Estrosi rend à l'Assemblée nationale un rapport sur un projet de loi (nouvelle loi d'orientation et de programmation de la sécurité intérieure, souvent désignée par ses initiales, LOPSI). Il fustige «la précédente majorité [qui] a échoué sur le terrain de la sécurité [...]. Ainsi notre pays a connu une progression de la délinquance extrêmement forte au cours des dernières années». La police de proximité «a considérablement amoindri, au final, l'efficacité de l'action policière[1]». Le rapporteur conclut: «La prévention a pris le pas sur la dimension répressive du métier de policier, qui a été dévalorisée. La politesse a remplacé l'action.» Invité du journal de 20 heures de TF1, le 30 octobre 2005, le ministre de l'Intérieur martèle sa préférence: il ne s'agit plus de «faire de la police de proximité [...] mais d'interpeller». Le ton a un peu changé plus tard, étant donné l'extension des émeutes: «Nous n'avons pas supprimé la police de proximité, insiste Michel Gaudin, directeur de la police nationale. Nous avons rééquilibré les missions, en mettant l'accent sur l'investigation et le

---

1. Christian Estrosi, «Rapport de la Commission des lois sur le projet de loi d'orientation et de programmation de la sécurité intérieure», Paris, Assemblée nationale, juillet 2002, p. 6.

judiciaire[1]. » Mais la conséquence pratique est identique. La réforme de la police de proximité, mal engagée par la gauche, est exsangue.

Le ministre de l'Intérieur est d'autant plus mal à l'aise sur ce dossier que son équipe a fait de nombreux contresens sur la signification de la police de proximité et que la population y est favorable. Dans un sondage du 8 novembre 2005, interrogée sur les solutions, la population se déclare favorable à la police de proximité : elle fait partie des 3 solutions plébiscitées avec 40 % d'opinions positives, derrière les deux premières : la mixité sociale (45 %) et le fait de donner plus de moyens à l'éducation (47 %). Toutes les autres options recueillent moins de 29 % d'appréciations positives. Pendant la réforme de la police de proximité conduite par les socialistes entre 1998 et 2002, dans les circonscriptions de police qui s'y sont impliquées, l'image de la police s'est améliorée, sa présence a été appréciée, et la population a exprimé sa confiance dans son efficacité[2]. Après la crise des banlieues, l'opinion qui, jusque-là, était favorable aux orientations de la police de Nicolas Sarkozy est bien moins convaincue. En mai 2002, 76 % des Français sont d'accord avec l'idée qu'il faut « donner beaucoup plus de pouvoirs à la police » ; en décembre 2005, ils ne sont plus que 49 %, soit 27 points de moins[3]. Si l'on ajoute à cela la baisse de confiance de 24 points dans la politique de sécurité depuis début 2003, révélée par le baromètre LH2-Libération, on mesure les changements d'appréciation de la population.

Pourquoi, en France, s'être détourné de la question des relations entre police et populations défavorisées au profit d'une rhétorique guerrière ? La réponse est politique : il ne fallait pas laisser penser que le projet socialiste de la police de proximité n'était pas un si mauvais choix que cela. Les principes posés en 2002 obligent pour

1. *L'Express*, 17 novembre 2005.
2. Voir Sebastian Roché (2005).
3. Sondage Sofres, 7 et 8 décembre 2005.

l'élection de 2007 ; on ne saurait, pragmatiquement, les amender. Le plus regrettable est que le fait d'avoir écarté la police de proximité repose sur une série de contresens sur sa signification en matière d'action policière.

Contresens

Quels sont ces contresens ? Le premier consiste à assimiler police de proximité et « mollesse pénale » et « augmentation de la délinquance ». Parmi les pays de police communautaire (terme qui correspond en gros à police de proximité dans le reste du monde), on en trouve de très punitifs. Notre voisin d'outre-Manche a certes une police qui a une tonalité très sociale à travers son usage du sympathique « *bobby* » et ses policiers sont organisés par régions (il n'y a pas de police nationale au sens français). Dans le même temps, le taux d'incarcération en Grande-Bretagne est presque de moitié plus élevé qu'en France. Une police proche n'est pas tendre avec les délinquants. Regardons aussi les États-Unis, autre pays de la police communautaire. D'une part sous l'influence de la crise du modèle professionnel (les nombreuses interpellations, les moyens de la police, n'ont pas empêché une hausse continue de la délinquance) et d'autre part sous la pression des émeutes des années 60 et du risque pointé par la commission Kerner en 1968 d'une division de la nation en deux (les Blancs et les Noirs), la police communautaire a pris son essor. Au point que des universitaires parlent de « nouvelle orthodoxie » de la police. Dans ce pays, de 1997 à 1999, la part des services de police qui emploient des personnels désignés comme agents de police communautaire a doublé, le nombre de ces agents représentant désormais 21 % des personnels [1]. Parallèlement, les taux d'incarcération y ont atteint un sommet : on y met en prison 9 fois plus de personnes (pour 100 habitants) qu'en

1. Wesley Skogan et Kathleen Freydel (2004).

France. Enfin, le Canada connaît une baisse continue de la délinquance depuis dix ans en ayant dans le même temps diminué sa
population carcérale et implanté la police de proximité dans la
grande ville du Québec, Montréal. Ni le fait de mettre moins de
personnes à l'ombre, ni le recours à la proximité n'ont entravé cette
réduction du nombre de délits. Ces remarques ne découlent pas
d'une posture idéologique : les faits sont là. La police communautaire n'est pas nécessairement une police de « gentils » et de
travailleurs sociaux, elle réalise également des arrestations qui
alimentent le système judiciaire.

Lorsque Nicolas Sarkozy, devant les préfets de toute la France
en novembre dernier, après les émeutes, repousse l'idée de la
police de proximité au motif qu'il « ne veut pas qu'une partie de la
police soit vouée à la répression et l'autre au simple contact », on
se demande si ses conseillers ont oublié de lui expliquer que la
police de proximité avait aussi augmenté les pouvoirs judiciaires
des fonctionnaires afin que, précisément, ils puissent mieux enquê-
ter sur et réprimer la petite délinquance des quartiers. Il serait faux
de penser que les policiers se relâchaient en matière judiciaire pendant la réforme. En 1996, la police élucidait 571 000 faits, 662 000
en 2001 et 701 000 en 2002. Le fait que ce rythme ait été accéléré
après 2002 n'enlève rien à la réalité de cette augmentation. Lors de
la mise en œuvre de la police de proximité à Clichy, les policiers se
voulaient offensifs. Une synthèse avait été réalisée sur ce site par
un commissaire qui rapportait le contexte de l'époque : « Tout acte
de délinquance constaté, le plus minime soit-il, devait trouver une
réponse policière immédiate. Cet objectif essentiel et préalable fut
poursuivi avec acharnement. Il n'est pas exagéré de comparer ces
premières semaines d'action à une bataille au cours de laquelle la
mission aurait été d'enlever un à un tous les bastions ennemis. [...]
Patiemment, les fonctionnaires ont quadrillé le secteur, ont reconnu
chaque hall, cave, parking, ils ont noué des contacts avec les
quelques partenaires institutionnels, associatifs et les commerçants.
Ces contacts, tout d'abord timides et frileux, sont devenus au fil du

quance. Les renseignements généraux, la police judiciaire, les CRS ne sont pas, eux, soumis à la culture du résultat. Par voie de conséquence, le malaise enfle dans la police. Les postes de responsabilité en sécurité publique (à la tête des commissariats, des départements) sont évités par les commissaires. Le malaise est si grand que le principal syndicat des commissaires, le SCHFPN[1], s'en est publiquement inquiété, et a été reçu par le directeur général de la police : « Il y a de plus en plus d'exigences en matière de sécurité [...] avec un système qui confine à ne fonctionner que sur le dos de la police, seule rendue comptable des résultats, la sécurité publique en particulier[2]. » L'idée de faire comme si toute évolution de la délinquance dépendait de l'action policière commence à faire craquer les policiers eux-mêmes.

Les syndicats se mettent à la sociologie, ce qui laisse penser que ce n'est pas une mauvaise idée pour les fonctionnaires de police. Finalement, il semble qu'il faille comprendre pour agir. La police contribue à la sécurité, mais ce n'est jamais son travail qui détermine à lui seul le niveau de la délinquance dans un pays, ses baisses ou ses augmentations. Ce constat est partagé par les meilleurs criminologues du monde, même conservateurs. La raison en est fort simple : il y a beaucoup de facteurs qui contribuent à la délinquance (la déstructuration familiale, la pauvreté, l'influence des images violentes, la facilité à voler, etc.).

Enfin, l'idée qu'il faudrait d'abord « nettoyer les quartiers » avant d'y réinstaller la police de proximité, souvent opposée à la volonté de développer la police de proximité, n'est pas fondée. L'analyse des programmes de type *weed and seed* (désherber et semer) a pu le montrer. Il faut sans doute essayer, de manière coordonnée, de mener les deux types de police dans le même quartier.

---

1. Syndicat des commissaires et hauts fonctionnaires de la police nationale.
2. Voir son communiqué n° 612 du 21 avril 2006.

4. L'inversion des moyens et des fins

Contrairement à ce qu'affirme Nicolas Sarkozy, il ne propose aucune rupture en matière de police. Il revient en fait à l'orthodoxie du « modèle professionnel » des années 60, au guerrier de la délinquance comme variation sur l'opposition du bien et du mal. Ce discours rassure et plaît souvent au policier tout comme à l'opinion. Plutôt que de s'engager dans des réformes nécessaires mais douloureuses vers un objectif défini, la politique semble dériver d'annonce en annonce, tirée par l'actualité. Un problème de trafic dans les banlieues ? On crée les GIR. Un problème dans les écoles ? On entend parler d'une police qui s'installerait dans les établissements scolaires. Un problème dans les trains ? On nous annonce une nouvelle police ferroviaire. En 2002 on « zonalise » les CRS, puis en 2005 on revient à la « fidélisation » au plan départemental voulue par les socialistes. Puis, en 2006, on prévoit de régionaliser la sécurité publique. Autant de coups de barre successifs qui ne constituent pas une feuille de route crédible.

Lorsque j'entends l'un des plus hauts responsables de la police nous expliquer que la finalité de son travail est d'interpeller les délinquants et de les présenter au parquet, je suis obligé de constater la complète inversion des moyens et des fins qui s'est opérée en France. Et si la mission de la police dans une démocratie était d'empêcher les émeutes, et non pas d'interpeller les auteurs une fois qu'il est trop tard et que la France brûle ? Et si l'objectif des forces de l'ordre de la République était d'éviter qu'il y ait autant de victimes, et non pas de courir après les auteurs après coup ? Les chiffres disponibles et les analyses des expériences étrangères montrent qu'interpeller plus n'est pas une garantie de baisse de la délinquance. Incarcérer non plus : un auteur de coups et blessures volontaires condamné à la prison sera rejugé pour une nouvelle affaire dans 71 % des cas contre 37 % s'il a une peine avec sursis[1]. Ces résultats restent vrais pour les infractions liées aux stupéfiants et à toutes les autres. Ce n'est donc pas par principe qu'on doit questionner le modèle de la police réactive, mais par pragmatisme : ce modèle ne tient pas ses promesses. En croyant frapper la délinquance au cœur, on ne fait que la bousculer. La criminologie nous a appris que pour les délits à forte plus-value économique, comme les trafics de drogue, l'arrestation et l'incarcération donnent les pires résultats : les remplaçants sortent du rang au fur et à mesure.

Si l'on enferme les délinquants, ils ne commettent plus de crime, sous-entend la doctrine de la police d'interpellation. Cela est vrai pour certains crimes (le violeur pathologique par exemple), faux pour d'autres. Le criminologue Albert Reiss en 1988, puis Alfred Blumstein en 1993 ont démontré que les marchés de la drogue sont pilotés par la demande : aussi longtemps qu'elle existe, un réseau d'offre se met en place[2]. La mise en prison des dealers les plus âgés, aux États-Unis, a favorisé la reprise du business par de plus jeunes, plus inexpérimentés et plus violents, infligeant au total des dommages plus sévères. L'incarcération n'a ni raréfié l'offre ni augmenté les prix.

Les forces d'intervention extérieures aux villes, qu'il s'agisse des BAC non locales (c'est-à-dire départementales et qui ne dépendent pas du chef de la circonscription de police, laquelle compte en général plusieurs communes) ou bien les compagnies départementales d'intervention (des policiers issus des commissariats de la sécurité publique, mais habillés comme des CRS) ou des CRS non fidélisés qui viennent dans un quartier, voire des GIR, font leurs opérations avant de repartir dans une autre commune sans gérer les suites de leurs interventions musclées. Si la police

---

1. C'est le taux de nouvelles affaires dans les 5 ans pour des personnes ayant au moins une condamnation antérieure. Pour ceux qui n'en ont pas, les taux sont de 35 et 12 % selon l'étude sur les condamnés de 1996 dans le département du Nord de la direction de l'administration pénitentiaire.
2. Alfred Blumstein (1993).

peut affecter la délinquance, le sens dans lequel elle le fait n'est pas automatiquement positif. Il peut être négatif, creuser le fossé avec les populations, exacerber les rancœurs. Inversement, une absence de présence policière peut aussi désespérer les populations des quartiers défavorisés.

La doctrine de police réactive a une vision naïve de la délinquance : elle pense que telle personne pose ici et maintenant tel problème. C'est une vision étroite et limitée, dans tous les sens du terme. La question n'est pas de savoir si les délinquants méritent la prison parce qu'ils ont violé la loi, mais de savoir comment rendre la société plus sûre pour ceux qui souffrent de la délinquance. Les moyens ne doivent pas occulter la fin.

Les violences urbaines auraient pu être l'occasion de questionner ce modèle de police. La raison pour laquelle il n'en est rien est de nature politique, pas policière. Après les émeutes, la prochaine échéance importante est la soirée du nouvel an : les violences urbaines vont-elles reprendre et relancer une seconde vague d'émeutes ? La seconde est l'élection présidentielle, distante d'à peine huit mois maintenant : comment rester crédible d'ici là ? se demandent les candidats potentiels. Dans ce contexte, moins on aborde la question chaude des émeutes, mieux l'Intérieur se porte : le bilan très positif sur lequel Nicolas Sarkozy communique depuis son arrivée au ministère doit rester absolument préservé. Le numéro deux du gouvernement ne peut pas avoir fait d'erreur dans le choix des orientations de sa politique de sécurité. Le mieux est de faire comme si ces émeutes n'avaient pas eu lieu.

Anticiper,
avant la prochaine vague d'émeutes

Au cours de cette étude, nous avons souligné qu'un grand nombre de causes se combinaient pour expliquer l'aspect exceptionnellement virulent et étendu des émeutes d'octobre-novembre 2005. Les causes latentes, la propension à l'émeute, ne sont pas les seules à prendre en compte. J'ai essayé de montrer quels étaient les cheminements, la succession de maladresses ou d'erreurs qui ont permis l'embrasement, puis son extension. Une crise de cette importance n'est pas une fatalité. Des dispositifs adaptés de gestion, au moment de la crise, auraient aidé à l'atténuer mais aussi, en amont, auraient pu la prévenir. On a su progresser en matière de gestion de crise individuelle (de prise d'otage par exemple), former des policiers avec succès[1]. La police, complètement désarmée dans les années 60, a promu la résolution par un mélange de dialogue, de négociation et d'usage calculé de la force. Que ne fait-on de même avec les crises plus collectives que représentent les émeutes ? La gestion de l'émotion, sa diffusion dans le quartier, devraient permettre de décélérer la crise si cette voie est choisie par la police et les autorités locales. Il faut pour cela avoir une vue globale du quartier affecté, passer en «mode alerte», gérer les relations avec les médias, mobiliser les relais locaux. Rien de tout cela n'est hors d'atteinte.

1. Ainsi la police du Québec résout 86 % des cas avec succès selon le négociateur de police Michel Saint-Yves, communication au colloque de Montréal organisé les 8 et 9 juin 2006 à Montréal par le Centre international de criminologie comparée à l'initiative de Maurice Cusson.

Les principales causes de cette vague d'émeutes peuvent être énumérées ainsi : le caractère intense des premiers affrontements libère un virus très infectieux ; les dispositions psychologiques des jeunes (la séduction de l'émeute et le goût des sensations fortes) et le contexte (le poids des jeunes dans la population, la part des minorités, l'importance de la précarité et de la délinquance, la qualité des relations avec la police) forment un terreau favorable à l'infection locale ; dans la séquence initiale des violences, la gestion de la crise est chaotique – non seulement, elle ne trouve pas le moyen de changer le cours des choses mais elle mène à l'intensification des affrontements ; les autorités ont cassé les instruments qui leur permettaient d'analyser une crise, voire de l'anticiper ; du fait de l'isolement de la police dans son environnement local et de décisions hasardeuses, les moyens sont mal dimensionnés pour répondre aux premiers troubles, et l'ensemble de l'Île-de-France est bientôt touché ; le système national de police souffre de son organisation centralisée : trop loin des incidents, mal informé, trop long à réagir, trop ignorant de la configuration du terrain, il n'arrive pas à mobiliser ou à coordonner ses forces. La police ne doit pas rester une série de services plus ou moins hermétiques qui prennent leur source à Paris (RG, CRS, sécurité publique, etc.), mais devenir un acteur des politiques publiques locales sous l'autorité d'un chef unique. Loin de corriger le défaut d'adaptation aux réalités locales, la réponse du gouvernement après les émeutes l'aggrave. Même la direction centrale des CRS déplore la rigidité excessive de l'emploi des forces. Le commissaire Monroche, qui y officie en tant que commissaire principal, écrit : « il faut de la souplesse dans l'emploi [...] quand ça brûle à côté, il faut y aller », même si la Place Beauvau a attribué à chaque circonscription un volume de force pré-affecté illustrant une fois de plus la dérive vers le micro-management qui frappe les directions parisiennes[1].

---

1. Grégoire Monroche, commissaire principal à la direction centrale CRS, « Le commissaire de police en CRS et les violences urbaines », *La Tribune du commissaire de police*, n° 101, avril 2006, p. 17-19.

Les médias jouent également un rôle dans l'extension des émeutes, non pas localement mais à l'échelle nationale. Le mimétisme qui anime les nouveaux riotteurs s'appuie sur les images des premiers événements. Les nouveaux foyers sont avant tout des quartiers défavorisés, où évoluent des bandes de délinquants et où fonctionne toute une économie souterraine. Les émeutiers sont pour beaucoup des délinquants de rue, des jeunes appartenant aux minorités, avec une forte représentation des familles d'Afrique noire en région parisienne. Les communes affectées sont souvent des espaces dans lesquels les relations avec la police sont tendues, parfois carrément hostiles.

Les émeutes ont une dimension ethnique par le profil des participants bien plus que par celui de leurs cibles. Nos violences urbaines ont des traits ethniques mais qui ne se confondent pas avec ceux des pays où les communautés sont constituées, reconnues de longue date, et où elles s'affrontent mutuellement. Il est aussi simplificateur d'ignorer la dimension de l'ethnicité en France que de l'assimiler au problème connu aux États-Unis. Cependant cette dimension ethnique ne donne pas valeur de révolte politique au phénomène : sans revendication ni prise de parole, on peine à lui donner du sens. En l'absence d'un projet politique, la violence de rue n'ouvre sur aucun avenir. Comment l'expression brutale de la force aurait-elle la vertu, par elle-même, de forger un lendemain plus radieux ?

Les RG ont nommé ces émeutes « soulèvement populaire ». Certains y voient même une dimension révolutionnaire ou progressiste. On aura de la peine à me convaincre que les plus jeunes participants aux émeutes ont, de plus en plus tôt, une conscience sociale, ou encore que les plus ancrés dans la délinquance, qui forment le noyau des participants, aient une pensée sociale autre que de s'enrichir personnellement dans l'instant ou de vérifier qui contrôle le quartier.

En revanche, il est vrai qu'un sentiment d'injustice anime certains émeutiers, sentiment lié en particulier à leurs relations avec la police (et peut-être avec la justice, dont nous n'avons pas traité ici).

Le fait que les émeutiers soient des délinquants réitérants ne doit pas conduire à confondre une destruction de crèche, le caillassage et un vol à main armée : le vandalisme et l'affrontement à la police ont une dimension différente du vol violent qui doit être prise en compte. On ne pourra pas réussir à traiter les violences urbaines comme les autres délits, contrairement à l'analyse de la direction de la police nationale. L'émeute caractérise un refus des contraintes de la loi, perçue comme inacceptable par les plus endurcis. Mais ce sentiment ne concerne pas, dans leurs quartiers, seulement les groupes de caïds et les petits délinquants réitérants, mais beaucoup plus de membres des minorités. C'est une dimension insuffisamment prise en compte par le pouvoir, et largement niée parce qu'elle interroge la responsabilité politique dans le déclenchement des émeutes. Or, indiscutablement, ces émeutes ont à voir avec les choix qu'ont fait les autorités dans leur modèle de police.

Les politiques ont oublié les banlieues. Le modèle de police est à l'avenant : l'essentiel des moyens est consacré aux interpellations. L'objectif n'est plus de faire de la police dans les banlieues, de rassurer et protéger, mais d'interpeller dans les banlieues. Pourtant, arriver après le délit, c'est-à-dire une fois qu'il est trop tard, n'est pas satisfaisant. Le choix de la réactivité se fait au détriment de la collecte d'information et, surtout, d'une analyse compétente des faits, qui seule permet d'anticiper et de protéger. C'est une vision myope qui dirige la Place Beauvau depuis des années, animant une force qui avance à tâtons : pas d'approche globale de la police dans ses relations avec le public, pas assez de réflexion sur sa mission de paix publique et abandon pour motifs idéologiques et non pragmatiques de la police de proximité. Une police est faible lorsque son pouvoir ne repose que sur la force. S'opposer durablement et efficacement aux groupes délinquants suppose pourtant que la police se rapproche de la population. La qualité de service au public doit prendre une place plus large dans les missions et les objectifs mesurés dont il faut rendre compte. C'est le grand défi des polices françaises.

Les lignes d'affrontement ont changé. Hier, les confrontations étaient liées aux conflits du travail. Aujourd'hui des émeutes naissent dans les lieux où sont concentrés ceux auxquels le travail manque le plus. C'est l'une des conséquences des grandes transformations économiques d'après les Trente Glorieuses. La banlieue rouge qui entoure Paris est affectée au premier chef par ces mutations et la fermeture des usines – comme le marque symboliquement le remplacement de l'usine Renault de Billancourt en musée ou en parc. Les émeutes de 2005 appartiennent bien à la postmodernité, faite de globalisation, de réorganisation du capitalisme et de mise en compétition internationale de la main-d'œuvre non qualifiée. Mais, les explications de ce niveau n'en sont pas vraiment. D'autres pays, pris dans la même globalisation, n'ont pas connu ce type d'émeutes : l'Italie, l'Allemagne, l'Espagne, le Portugal, le Canada, la Suède, etc.

Si les émeutes sont à rattacher aux phénomènes les plus marquants des sociétés post-industrielles, elles nous questionnent aussi sur une certaine histoire française. De même que les rapports sociaux entre Blancs et Noirs aux États-Unis sont marqués par l'esclavage, les interactions entre majorité et minorités en France sont marquées par l'histoire coloniale. Le rapport aux lois, aux interdits, aux forces de l'ordre peut en être affecté. Cette explication n'est pas contradictoire avec celle qui souligne les effets de la discrimination à l'embauche, au logement, ou ailleurs, et l'emprise des taux de chômage chez les jeunes d'origine étrangère. Pareillement, on pourrait dire que les flux migratoires présents et passés questionnent la redéfinition des identités collectives : y a-t-il possibilité de former, malgré les inégalités sociales et les différences ethniques ou religieuses, une unité nationale ?

Dans cette recherche d'un renouvellement des contours de la citoyenneté, le fait de percevoir les identités de groupes infranationaux ou transnationaux comme des concurrences à l'identité nationale semble une option dépassée. D'une part, une identité européenne se dessine, les citoyens sont amenés à prendre position par rapport à l'Europe, ce qui en fait un trait structurant, que l'on soit pour ou contre ; d'autre part, les minorités ne revendiquent pas leur particularisme (notamment l'islam) contre la laïcité et ne se déclarent pas particulièrement favorables à l'usage de la violence, à en croire les travaux des politologues[1]. En même temps, la sur-délinquance des jeunes d'origine maghrébine et africaine est une réalité, et soulève des problèmes concrets de cohabitation.

Il est très délicat de dire que les violences urbaines sonnent le glas du modèle français d'intégration, quelle que soit la signification de cette expression. En effet, l'autre pays européen qui a connu de telles vagues d'émeutes, la Grande-Bretagne, fonctionne sur un tout autre modèle. Les émeutes se produisent dans des pays opposés sur bien des points (communautarisme ou républicanisme, néo-libéralisme ou attachement au modèle social hérité du milieu du XXᵉ siècle, taux de chômage bas ou haut, police locale ou nationale, etc.).

Les conséquences rêvées des émeutes seraient qu'elles nous ouvrent les yeux sur la place de l'ethnicité, nous dirigent vers plus de cohésion et de solidarité, vers plus d'intelligence dans l'usage de la police. La réalité est plus brutale. D'une manière générale, les émeutes aggravent la situation des plus défavorisés si elles ne s'ac-compagnent pas d'une stratégie et d'une mobilisation politiques. Dans le cas français, aucun des débats essentiels n'est ouvert, l'in-terrogation n'a pas sa place. La dimension ethnique est escamotée, au motif qu'elle tendrait à définir une essence criminelle ou émeu-tière alors qu'il ne s'agit que d'un impératif de description : essayer de connaître la société dans laquelle nous vivons.

Plus prosaïquement, les travaux sur les États-Unis après les vagues d'émeutes nous montrent qu'elles tendent à déclencher des

---

1. Les réponses à la question « Voici un certain nombre de moyens que les gens utilisent parfois pour faire connaître leurs opinions ou leurs revendications. Pouvez-vous me dire pour chacun d'eux si vous l'approuveriez ou pas, du moins dans cer-taines circonstances » montrent que seuls 4 % d'entre eux approuvaient « le fait de provoquer des dégâts matériels », Sylvain Brouard et Vincent Tiberj (2005.)

financements supplémentaires de couverture sociale dont bénéficient les villes touchées, principalement parce que les maires et les États concernés ont réussi un lobbying efficace à Washington[1]. Après avoir vérifié qu'il ne s'agissait pas d'une illusion liée à l'augmentation des richesses et de la taille des villes, d'autres travaux ont montré que les bénéficiaires ont surtout été les services des pompiers et de la police[2]. Les économistes ne trouvent pas d'effets bénéfiques pour les populations concernées : les émeutes n'améliorent pas l'emploi, ni le revenu, encore moins la valeur des propriétés foncières des familles.

Il est trop tôt, en France, pour savoir ce qui se passera. L'Union européenne a débloqué les 100 millions d'euros promis comme dotation de solidarité lors des destructions qui accablent l'Hexagone. Dominique de Villepin a rétabli des crédits supprimés aux associations, la rénovation urbaine se poursuit et le souci de s'attaquer aux discriminations a été mis en avant – mais sans entraîner la construction d'outils pour mesurer les progrès éventuels, ce qui rendra impossible toute évaluation. En revanche, on note déjà dans l'opinion française une élévation du nombre de personnes qui disent que le nombre d'immigrés est «trop important» : 55 % fin novembre 2005, contre 44 % en 2004 et 41 % en 2003... et 51 % en 2002[3]. Retour à la case départ ou réaction à court terme? Il est trop tôt pour conclure.

Il est à craindre que les émeutes soient aujourd'hui encore comprises comme un signal isolé, sans passé et sans lendemain. Nous avons dit combien le ministère de l'Intérieur tend à minimiser l'importance de la vague d'émeutes de 2005. En janvier 2006, un haut fonctionnaire de la Place Beauvau assurait : «Sans elles [les émeutes], sans doute la baisse de la délinquance aurait-elle été

---

1. Edward T. Jennings (1980).
2. Susan Welch (1975).
3. Le contexte d'évolution d'ensemble reste cependant favorable à un traitement plus égalitaire, selon la synthèse de Guillaume Roux (2006).

sensiblement identique à celle des deux années précédentes.» La tentative d'exclure les émeutes du bilan de la police, alors même que le ministère de l'Intérieur n'aura cessé d'expliquer que les rioteux sont des délinquants, est patente[1]. En 1981, après les émeutes de Brixton, lord Scarman avait notamment insisté sur le besoin de développer la police communautaire, d'augmenter la place des minorités dans les forces de l'ordre. Vingt-cinq ans et une épidémie d'agitations urbaines plus tard, ce diagnostic n'est pas même solennellement posé en France. La secousse est sérieuse, mais vite oubliée. Plus tard, si les vagues d'émeutes reprennent, si elles touchent d'autres pays, les événements français de 2005 seront pris comme autant de signes annonciateurs qui préfiguraient le futur. Tout un chacun aura alors l'impression de l'avoir toujours su : les chefs d'État de tous les grands pays ne s'étaient-ils pas mobilisés, les sociologues n'avaient-ils pas écrit une demi-ligne qui pouvait être interprétée dans ce nouveau contexte, l'attention des médias du monde entier n'avait-elle pas été donnée à notre pays, les jugements définitifs sur le «bon modèle de société» n'avaient-ils pas été offerts au débat public ?

---

1. Article paru le 7 janvier 2006 dans *Le Figaro*.

Bibliographie

APTER Michael, *The Psychology of Excitement*, New York, The Free Press, 1992.

ALIDIÈRES Bernard, *Géopolitique de l'insécurité et du Front national*, Paris, Armand Colin, 2006.

AUBOIN M., DELANNOY M.-F. et GRÉMY J.-P., *Anticiper et gérer les violences urbaines. Bilan d'expérimentation des cellules de veille*, Paris, IHESI, 1998.

AUYERO Javier et MORAN Timothy Patrick, «The dynamics of collective violence: Dissecting food riots in contemporary Argentina», non publié, 2004.

BACHMAN Christian, LEGUENNEC Nicole, *Autopsie d'une émeute*, Paris, Albin Michel, 1997.

BEAUD Stéphane et PIALOUX Michel, *Violences urbaines, violence sociale*, Paris, Fayard, 2003.

BÈGUE Laurent, «Attachements sociaux, croyances conventionnelles et délinquance», rapport de recherche pour l'IHESI, Grenoble, université Pierre-Mendès-France, 2000.

BERGESEN Albert et HERMAN Max, «Immigration, race, and riot: The 1992 Los Angeles uprising», *American Sociological Review*, 1998.

BETTINGER Christopher, «Unexpected ubiquity: Race riots in Modern America», non publié, 1996.

BLUMSTEIN Alfred, «Making rationality relevant. The American society of criminology presidential address», *Criminology*, vol. 31-1, 1993, p. 1-16.

BOUSQUET Richard, «La police et le logement social», *in* Didier PEYRAT (dir.) *Habiter et cohabiter*, rapport à Marie-Noëlle Lienemann, secrétaire d'État au Logement, Paris, ministère des Transports, 2001.

BRAUD Philippe, «La violence politique, repères et problèmes», *Cultures & Conflits*, n° 9-10, Paris, 1993.

BROUARD Sylvain et TIBERJ Vincent, *Français comme les autres? Enquête sur les citoyens d'origine maghrébine, africaine, et turque*, Paris, Presses de Sciences-Po, 2005.

BUI-TRONG Lucienne, *Violences urbaines, des vérités qui dérangent*, Paris, Bayard, 2000.

BUI-TRONG Lucienne, «L'insécurité des quartiers sensibles: une échelle d'évaluation», *Les Cahiers de la sécurité intérieure*, n° 14, Paris, 1993.

BURBECK S.L., RAINE W.J. et STARK M.J., «The dynamics of riot growth: An epidemiological approach», *Journal of Mathematical Sociology*, n° 6, 1978.

CASTAN Yves, «Politique et vie privée», *in* Philippe ARIÈS et Roger CHARTIER (dir.), *Histoire de la vie privée*, vol. 3, Paris, Seuil, 1985.

COLLINS William J., MARGO Robert A. (2004), «The economic aftermath of the 1960's riots in American cities: Evidence from property values», NBER (National Bureau of Economic Research), working paper n° 10493, document non publié, 31 pages.

DUBET François, «À propos de la violence et des jeunes», *Cultures & Conflits*, n° 6, 1992, p. 7-24.

DUBET François, *La Galère: jeunes en survie*, Paris, Fayard, 1987, rééd. Seuil, coll. «Points», 1995.

DUPORT Claire, «Gestion des cités et militantisme, les nouveaux entrepreneurs socioculturels», rapport au PUCA (Plan urbanisme, construction, architecture), septembre 2000.

FABRE Daniel, «Familles. Le privé contre la coutume», in Philippe ARIÈS et Roger CHARTIER (dir.), *Histoire de la vie privée*, vol. 3, Paris, Seuil, 1985.

GLUECK Sheldon, *Delinquents in the Making: Paths to Prevention*, New York, HarperCollins, 1952.

HÉRAULT Bruno et LAPEYRONNIE Didier, «Le statut et l'identité. Les conflits sociaux et la protestation collective», *in* Olivier GALLAND et Yannick LEMEL (dir.), *La Société française, pesanteurs et mutations, le bilan*, Paris, Armand Colin, 2005, p. 251-302.

JAZOULI Adil, *Les Années banlieues*, Paris, Seuil, 1992.

JENNINGS Edward T., «Urban riots and the growth of state welfare expenditures», *Policy Studies Journal*, vol. 9, n° 1, 1980, p. 34-47.

KATZ Jack, *Seductions of Crime*, New York, Basic Books, 1988.

KHERFI Yazid, *Repris de justesse*, Paris, Syros, 2000.

KHERFI Yazid, «Les émeutiers entre violence et résignation», *in* Véronique LE GOAZIOU et Laurent MUCCHIELLI (dir.), *Quand les banlieues brûlent*, Paris, La Découverte, 2006, p. 87-97.

KOKOREFF Michel, «L'espace des jeunes: territoires, identités et mobilité», *Annales de la recherche urbaine*, n° 59-60, juin-sept. 1993, p. 171-179.

LAGRANGE Hugues et OBERTI Marco (dir.), *Émeutes urbaines et protestations*, Paris, Presses de Science-Po, 2006.

LAMBERTH John, «Driving while Black; A statistician proves that prejudice still rules the road», *Washington Post*, 16 août 1998.

LEA John et YOUNG Jock, *What Is to Be Done about Law and Order?* Harmondsworth, Penguin Books, 1984.

LINHART Virginie, «Des Minguettes à Vaulx-en-Velin: les réponses des pouvoirs publics aux violences urbaines», *Cultures & Conflits*, n° 6, 1992, p. 91-111.

LORIOL Marc (dir.), avec Valérie BOUSSARD, Sandrine CAROLY et Fabier JOBARD, «Constructions du stress, psychologisation du social et rapport au public», rapport final, CNRS, Bourg-la-Reine, 2004.

LORIOL Marc, BOUSSARD Valérie, CAROLY Sandrine, «La police et les jeunes des banlieues», 2006, *Liens-Socio*, http ://www.liens-socio.org/article. php3 ?id_article=1122

MACDONALD John M., «The effectiveness of community policing in reducing urban violence», *Crime and Delinquency*, 48-4, 2002, p. 592-618.

MARLIÈRE Éric, «La police et les jeunes de cité», *Agora*, n° 39, 2006, p. 90-100.

MAUGER Gérard et IKACHAMENE Kamel, *Le Monde des bandes et ses transformations. Une enquête ethnographique dans une cité HLM*, rapport final pour la DIV (délégation interministérielle à la Ville), mission interministérielle Droit et Justice, 2004.

MCPHAIL C. et WOHLSTEIN R.T., «Individual and collective behaviors within gatherings, demonstrations, and riots», *Annual Review of Sociology*, vol. 9, août 1983, p. 579-600.

MONJARDET Dominique, «L'information, l'urgence et la réforme», *in* Sebastian ROCHÉ (dir.), *Réformer la police et la sécurité*, Paris, Odile Jacob, 2004, p. 127-142.

MYERS Daniel J., «Racial rioting in the 1960s: An event history analysis of local conditions», *American Sociological Review*, vol. 64, 1997, p. 94-112.

MYERS Daniel J., «The diffusion of collective violence: Infectiousness, susceptibility and mass media network», *American Journal of Sociology*, vol. 106, 2000, p. 173-208.

NICOLAS Jean, «Leçon d'histoire sur une révolte des banlieues», Paris, *L'Histoire*, n° 308, avril 2006, p. 82-87.

OBERSCHALL Anthony, *Social Conflict and Social Movements*, Englewood Cliffs, Prentice Hall, 1973.

OLSON Mancur, *La Logique de l'action collective*, Paris, PUF, 1987.

PERALVA Angelina, *L'Incivilité, la révolte et le crime. Violences juvéniles dans la société du risque*, Paris, EHESS, 1997.

POWER Anne et TUNSTALL Rebecca, *Dangerous Disorder: Riots and Violent Disturbances in 13 Areas of Britain 1991-92*, York, York Publishing Services, 1997.

REBUGHINI Paola, «Réflexions sur la "violence juvénile". Un regard comparatif sur la situation française et italienne dans les banlieues de Lyon et de Milan», *Recherches sociologiques*, n° 30-1, 1999, p. 139-156.

REISS Albert J., «Co-offending and criminal careers», *in* M. TONRY et N. MORRIS (dir.), *Crime and Justice: A Review of Research*, vol. 10., Chicago, University of Chicago, 1988, p. 117-170.

ROCHÉ Sebastian, *Sociologie politique de l'insécurité*, Paris, PUF, 1998.

ROCHÉ Sebastian, *La Délinquance des jeunes*, Paris, Seuil, 2001.

ROCHÉ Sebastian, *Police de proximité*, Paris, Seuil, 2005.

ROUX Guillaume, «Quelle évolution de la xénophobie en France?», *Futuribles*, n° 319, 2006, p. 19-41.

ROY Olivier, «Intifada des banlieues ou émeutes de jeunes déclassés?», *Esprit*, décembre 2005, p. 26-30.

SCHEIDER Matthew C., ROWELL Tawandra et BEZDIKIAN Veh, «The impact of citizen perceptions of community policing on fear of crime: Findings from twelve cities», *Police Quarterly*, 6-4, 2003, p. 363-386.

SINGER Benjamin, OSBORN Richard et GESCHWENDER James, *Black Rioters, Social Factors and Communication in the Detroit Riot*, Lexington (Mass.), Heath Lexington Books, 1970.

SKOGAN Wesley et FRYDL Kathleen (dir.), *Fairness and Effectiveness in Policing: The Evidence*, Washington D. C., National Academic Press, 2004.

SMELSER N. J., *Theory of Collective Behavior*, New York, The Free Press, 1962.

SMITH Brad W., «The impact of police officer diversity on police-caused homicides», *Policy Studies Journal*, vol. 31, n° 2, 2003, p. 147-162.

SNYDER David, «Collective violence processes: Implications for disaggregated theory and research», *Research in Social Movements, Conflict and Change*, 2, 1979, p. 35-61.

SPILERMAN Seymour, «The causes of racial disturbances: A comparison of alternative explanations», *American Sociological Review*, 35, 1970, p. 627-649.

TRIBALAT Michèle, *Dreux, voyage au cœur du malaise français*, Paris, Syros, 1999.

TUFFIN Rachel, MORRIS Julia, POOLE Alexis, «An evaluation of the impact of the National Reassurance Policing Programme», *Home Office Research Study*, 296, 2006.

VAN KESTEREN John, MAYHEW Pat, NIEUWBEERTA Paul, «Criminal victimization in seventeen industrialized countries. Key findings from the 2000 international crime victims», *Onderzoek en beleid*, n° 187, La Haye, 2001.

WEISBURD David et ECK John E., «What can police do to reduce crime, disorder, and fear?», *The Annals of the American Academy of Political Science*, 593, 2004, p. 42-65.

WELCH Susan, «The impact of urban riots on urban expenditures», *American Journal of Political Science*, vol. 19, n° 4, 1975, p. 741-760.

WIEVIORKA Michel, *Violences en France*, Paris, Seuil, 1999.

ZHAO Jihong et THURMAN Quint, *A National Evaluation of the Effect of COP's Grants on Crime From 1994 to 1999*, University of Nebraska and Texas State University, 2001.

Lexique

ADS	Adjoint de sécurité. Les emplois-jeunes dans la police nationale
BAC	Brigade anticriminalité
BREC	Brigades régionales d'enquête et de coordination
BSU	Brigades de sécurité urbaine
CRS	Compagnie républicaine de sécurité
DCPJ	Direction centrale de la police judiciaire
DCRG	Direction centrale des renseignements généraux
DCSP	Direction centrale de la sécurité publique
DGPN	Direction générale de la police nationale
GIR	Groupe d'intervention régional. Gendarmes et policiers y sont rassemblés pour lutter contre l'économie souterraine et les différentes formes de délinquance organisée
GTLD	Groupes de traitement local de la délinquance
IGPN	Inspection générale de la police nationale
IGS	Inspection générale des services
IHESI	Institut des hautes études de la sécurité intérieure
INHES	Institut national des hautes études sur la sécurité (identique à l'Ihesi à partir de 2004)
INVU	Indicateur national des violences urbaines
LAPD	Los Angeles Police Department
LOPSI	Loi d'orientation et de programmation de la sécurité intérieure
OCR	Opérations ciblées répressives (*idem* GIR)
OFDT	Observatoire français des drogues et des toxicomanies
OND	Observatoire national de la délinquance
PJ	Police judiciaire
RG	Renseignements généraux
RGPP	Renseignements généraux de la Préfecture de police
SAIVU	Système d'analyse informatique des violences urbaines
SCHFPN	Syndicat des commissaires et hauts fonctionnaires de la police nationale

SGP-FO	Syndicat général de la police - Force ouvrière
SIR	Services d'investigation et de recherches
SNOP	Syndicat national des officiers de police
UNSA	Union nationale des syndicats autonomes
UIR	Unités d'investigation et de recherches
ZRU	Zone de redynamisation urbaine
ZUS	Zone urbaine sensible

REMERCIEMENTS

Nombreuses sont les personnes qui m'ont permis de les rencontrer, de les interviewer, de consulter des documents difficiles d'accès. Je ne peux les citer pour des raisons de confidentialité. Merci à Jean Leca pour son appel à rester impopulaire et ne pas céder à la facilité de l'heure. Plusieurs collègues m'ont prêté main-forte pour réaliser ce livre, à divers titres. Je tiens à citer Jean-Paul Brodeur (pour le Canada), Séverine Germain (pour l'Italie), Jacques de Maillard (pour sa relecture critique), mais encore pour l'accès à des données d'enquête Guillaume Roux, Sylvain Brouard, Vincent Tiberj, Michèle Tribalat et Bernard Aubry. Céline Gaufreteau m'a, une fois encore, apporté une aide documentaire décisive, et je pèse mes mots. Sandrine Astor a su extraire avec patience et dans un temps très restreint les informations des enquêtes mobilisées. Le Conseil d'analyse stratégique et l'appui de sa directrice ainsi que de Lucile Schmid et Olivier Hassid m'ont donné des occasions d'approfondir mes réflexions et de les stimuler. Ce livre ne serait pas ce qu'il est sans l'aide d'Anne et Marine ainsi que de Gilles Toublanc. Merci également à Anne Sastourné pour son implication tout au long du suivi du manuscrit et à Hervé Hamon pour sa confiance depuis plus de dix années. Je reste seul responsable des informations et interprétations qui sont présentées dans cet ouvrage.

Table

Introduction. Les émeutes impossibles 7

1. Une vague d'émeutes 13

   1. Les événements de Clichy 13
     Le jeudi 27 octobre 2005 13
     Le vendredi 28 octobre 2005 16
     Le samedi 29 octobre 2005 19
     Dimanche 30 - lundi 31 octobre 2005 21
   2. Les émeutes quittent Clichy 24
     Du mardi 1er novembre au lundi 7 novembre 2005 24
   3. Le reflux des violences 28
     À partir du lundi 7 novembre 2005 28

2. Violences urbaines, émeutes ou révolution :
de quoi parle-t-on ? 31

   1. Des «émeutes» plus que des «violences urbaines» 31
   2. Les émeutes en France et à l'étranger : types et comparaisons 34
   3. Émeutes, révoltes, contestations politiques, révolution ? . 41
   4. Rioteux, violence et mobilisation 49
   5. La délinquance et la révolution. 53

3. Le virus de l'émeute 57

   1. «La faute à Nicolas Sarkozy» 58
   2. Le choc des bandes et des civilisations. 63
   3. Les causes d'une épidémie 68
   4. La mort de l'émeute : extension bloquée et déclin 72

4. La contagion 75

  1. La contagion par la proximité et les médias 75

  2. La météo et les émeutes 82

  3. La propension à participer : l'injustice ressentie........ 84

  4. L'État social n'évite pas les émeutes 89

5. Converger vers l'explosion hostile : minorités et police. . 95

  1. Se rendre à l'émeute 95

  2. Police, banlieues, minorités 100

    Le poids des minorités............................. 100

    Contrôles d'identités, provocations en boucles 104

  3. Les minorités délinquantes, les riotteurs 110

  4. Rompre le cercle «driving while black» 114

6. Le goût de la violence. Profils et motivations des rioteux 118

  1. Les auteurs de violences urbaines.................. 118

    Profil de la prédisposition aux émeutes................. 118

    Les violences urbaines et les autres délits : agressions, trafics 123

  2. Les émeutiers à la recherche du frisson 127

    La séduction de l'émeute........................... 128

  3. Le frisson du danger chez les policiers.............. 137

7. Changer un système de police qui ne marche pas 140

  1. Avant la crise : l'oubli des banlieues................ 140

  2. La réactivité aux médias plutôt que les outils utiles..... 146

    Arriver vite, mais trop tard 146

    Veut-on connaître les violences urbaines? 148

    Décrire ou prévoir?............................... 153

8. La police dans la tourmente...................... 158

  1. Les erreurs initiales coûtent cher 159

    Surprise et désorganisation 160

    Coordination tardive sur le terrain, affrontement au sommet . 165

  2. La police est démunie........................... 170

    Mobilisation nationale tardive, démobilisation locale....... 170

    Les outils locaux et ceux des RG 173

    L'excessif usage des RG en police judiciaire 175

    Les CRS à contre-emploi........................... 179

9. «Chercher à comprendre, c'est déjà vouloir excuser» . .   184

   1. Après la crise, le bilan   185
   2. Police de proximité : la résurrection   194
   3. La rhétorique guerrière montre ses faiblesses   200
      Rupture, pour le principe   200
      Contresens   202
   4. L'inversion des moyens et des fins   206

Conclusion. Anticiper, avant la prochaine vague d'émeutes   209

   Bibliographie   217
   Lexique   221

RÉALISATION : PAO ÉDITIONS DU SEUIL
IMPRESSION : S. N. FIRMIN-DIDOT AU MESNIL-SUR-L'ESTRÉE
DÉPÔT LÉGAL : OCTOBRE 2006. N° 88146 (81234)
Imprimé en France